겸손은 위선이다

겸손은 위선이다

박종진 지음

박종진 앵커의
유쾌한 인간관계 특강

긴소

매사에 허심탄회하고 순수 담백한 인품의 박종진 앵커와 보낸 짧은 세월이 나의 삶에 있어서는 잊을 수 없는 아름다운 시간들이었다. 에머슨은 '위대한 것은 잘 이해되지 않는다'고 했다. 그의 직설적인 성격 때문에 좌충우돌하는 일이 있을 수도 있지만 이 책을 읽어보면 그의 인간관계와 방송에 대한 생각이 잘 이해될 것이다.

김동길 연세대학교 명예교수

박종진 앵커의 장점은 돌직구와 자유로움이다. 사람들은 그가 어리숙하다고 말하지만 그는 남들이 하지 못하는 어려운 질문을 아주 쉽게 한다. 통쾌하다. 이건 용기다. 그래서 난 그가 희생하는 앵커라고 생각한다. 어떤 자리에서도 자기 할 말은 반드시 하는데 남 기분 안 나쁘게 말하는 재주가 특히 부럽다. 부디 이 책이 인간관계로 힘들어하는 이 나라의 젊은이들에게 희망과 용기를 주었으면 한다.

성낙인 서울대학교 총장

참 역설적이다. 인공지능이 발달하니 '사람'이 중요해지고, 국정농단의 의혹이 나오니 '사람관계'가 더 중요해진다. 참 뜻밖이다. 자신의 영혼까지도 오픈하고, 사람 네트워크를 나누면 인간관계의 답이 나온단다. 체험을 통해 터득한 답의 비밀을 박종진 앵커가 '사이다' 같은 책에서 밝힌다.

김동연 아주대학교 총장·전 국무조정실장

사람 관계하는 것이 피곤하다. 다른 사람에게 맞추는 것이 힘들다. 어떻게 해야 잘하는 것인지 모르겠다. 많은 사람이 인간관계를 어려워한다. 잘하고 싶지만 잘 안 되고, 그래서 아예 포기하고 혼자족이 되기도 한다. 그러나 인간은 사람들과 관계해야 하고 그 관계가 스트레스가 아닌 위안과 행복감이 돼야 한다. 또한 관계를 잘하는 사람이 성공한다. 이 책은 저자가 직업상 많은 사람과 관계하며 축적한 경험을 토대로 작성한 '인간관계학 기본서'다. 인공지능과 로봇기술의 미래 자동화 사회에서 가장 요구되는 직업 능력이 사회적 지능이라 한다. 상대의 생각과 감정을 이해하고 이에 맞출 수 있는 지능, 바로 사람들과 관계를 잘하는 지능이다. 미래를 대비한다는 생각으로 이 책을 읽어도 좋을 것이다.
곽금주 서울대학교 심리학과 교수

어릴 적 친구처럼 편안한 앵커 박종진. 그와 웃고 떠들다 보면 준비한 논리는 다 사라지고 좀체 열지 않던 마음의 문을 저절로 열게 된다. 그다음 쏟아져 나오는 건 마음속 깊숙이 숨겨둔 진실뿐. 나는 언젠가 그가 미국의 명앵커 래리 킹과 앤더슨 쿠퍼의 중간쯤 위치한 앵커라 생각한 적이 있다. 그런 사람의 이야기니 들어볼 만하지 않겠나.
김진명 작가

박종진 앵커는 솔직하다. 직설적이다. 일반적으로 이런 성격으로 인간관계가 좋기는 어렵다. 심리학적으로 그렇다는 이야기다. 희한하게도 박 앵커는 예외다. 이 책에서 비밀을 알 수 있다.
김정운 여러가지문제연구소 소장·문화심리학자

추천의 글

박종진에게는 한 번의 만남에도 푹 빠져들게 하는 매력이 있다. 어떤 자리에서든 상대방을 가장 빛나는 사람으로 돋보이도록 해주기 때문이다. 이 책을 통해 박종진의 인간미를 한껏 느껴보길 바란다.

홍혜걸 방송인·의학박사

박종진 앵커가 말하는 겸손은 남다르다. 상대를 존중하는 것, 솔직한 나를 보여주는 것. 철저히 본인의 경험을 바탕으로 하고, 디테일하게 잘 설명돼 있어 진정으로 마음에 와닿았다. 사회에 첫발을 내딛는 나의 두 아들은 물론 인간관계로 힘들어하는 모든 이에게 선물하고 싶은 책이다.

여에스더 에스더포뮬러 대표·예방의학 박사

박종진. 방송인이라면, 아니 어른이라면 조금씩은 갖고 있는 '위선'을, 아무리 봐도 그에게서는 찾을 수 없다. 만일 그가 '위선적으로' 위선 없이 보이는 거라면 극도로 치밀하고 냉혹한 사람일 것이나, 그럴 리 없다. 이 책은 솔직하게 쓴 육필이다. 성실하게, 지속적으로 성취하며 살아온 한 사회인의 50년 인생이 한 편의 영화처럼 펼쳐지는 좋은 글이다. 사회생활을 하는 분들에게 일독을 강력하게 권한다.

함익병 함익병피부과의원 원장

가장 겸손해 보이는 사람이, 자기 자랑의 취지로 책을 내었다면, 위선일까? 이 책은 한국사회에서 인간관계를 넓히기 위해 어떻게 해야 하는가를 온몸으로 보여준 사람의 자기 고백서다. 또 위선의 시대에 솔직하게 자신을 드러내면서 내면의 목소리를 있는 그대로 들려주는 인간적인 양심 선언서다.

황상민 심리학 박사·전 연세대학교 교수

오랫동안 박종진을 봐온 친구로서 그를 한마디로 정의한다면? 푼수같이 다 드러내는 사람이다. 꾸밈없고 포커페이스를 하지 않는 진국 같은 인간미가 오늘날 그를 대한민국 대표 앵커로 만들었다. 이 책에서 전하는 박종진식 노하우는 인간관계의 알파에서 오메가가 될 것으로 확신한다.

이봉규 시사평론가·정치학 박사

기업에 있는 사람들이 가장 어려워하는 직업군이 정치인, 그리고 언론인이다. 불가근불가원(不可近不可遠)의 관계다. 심지어 기자 만날 때 제1수칙이 어떤 질문이든 즉답은 피한다일 정도다. 그런데 이를 한 방에 무너뜨리는 인터뷰어가 박종진이고 나 역시 만난 즉시 허를 찔려 다 털려버렸다. 그렇게 당한 뒤에도 그를 미워하기는커녕 '10년지기 절친'이 됐다. 관계를 이어갈 줄 아는, 마음을 열게 할 줄 아는, 진심으로 이야기할 줄 아는, 그런 흡입력과 매력에 대한 힌트가 책 속에 있다.

노희영 YG푸즈 대표·전 CJ그룹 브랜드전략 고문

요즘처럼 상실감과 허무함이 난무하는 때가 또 있을까 싶을 정도로 위기의 시대다. 한 분야에서 성공하려면 끝까지 목표를 이뤄내려는 집념이 필요하다. 박종진 앵커의 솔직하고 현실적인 조언이 목표를 향해 발돋움하는 청년들에게는 길잡이가 되고 재도전하는 사람들에는 용기가 되어주길 기대한다.
고은경 YG케이플러스 대표

자기계발 서적을 뛰어넘어 인간관계와 인연에 대한 철학 서적이다. 마음과 혼을 담아 사람을 대하는 저자의 특장점을 많은 독자가 읽고 배우길 바란다.
정은성 에버영코리아 대표·전 청와대 통치시료비서관

배우를 꿈꾸던 학창 시절, 존경하는 동랑 유치진 선생님으로부터 "배우 이전에 인간이 되라"고 배웠다. 저자 박종진은 앵커 이전에 그 누구보다 훈훈한 사람 냄새가 난다. 그렇기에 시원하고 솔직한 언어로 시청자의 사랑을 받게 되었을 것이다. 박종진은 개인적으로 아끼는 동생이기도, 시청자로서 좋아하는 앵커이기도 하다. 이런 그를 떠올리며 책을 읽으니 흥미진진했다.
박상원 배우

조미료 치지 않은 천연의 사람. 멋진 말로 꾸미려 들지 않는 사람. 헝클어진 머리카락이 어색하지 않은 사람. 어제도 오늘도 그대로인 사람. 사람 냄새 나는 그 자체로 좋은 사람. 내가 가장 아끼고, 정말 좋아하는 동생 박종진이다. 내가 힘들 때나 좋을 때나 이 친구의 긍정적인 웃음을 듣고 있으면 자연스레 힐링이 된다. 이 책을 보면 그의 진실한 모습을 다시 한 번 발견하게 된다.
선우은숙 배우

대한민국 진정한 오지라퍼. 어디를 가서 누구를 만나도 박종진을 안다고 한다. 광대한 사막에 떨어져도 부족장과 친해질 사람이다. 인간이 없으면 방울뱀과도 사귈 사람이다. 우주전쟁이 나서 외계인이 지구에 오면 아마 첫 마디가 "종진이 형, 어딨어?"일 것이다. 대인관계에 있어서는 '우주 대마왕'이라 부를 만하다. 박종진 형의 진행을 보면 공부가 된다. 그런데 그의 진행 스킬은 특별해서 쉽게 따라할 수 없다. 가슴속 깊이 우러나온 상대에 대한 배려와 이해이기 때문이다.
남희석 개그맨·MC

박종진은 동네 형 같다(실제 나와 같은 동네에 산다). 그의 느릿한 말투와 호탕한 웃음은 딱 동네 형의 그것이다. 동네 형의 진가는 투박한 진심을 통해 드러난다. 사람을 움직이는 그 핵심이 궁금하다면 책을 펼쳐보길 바란다.
이윤석 개그맨·방송인

박종진 형님은 어느 자리에서든 속마음을 털어놓게끔 하는 매력이 있다. 책을 보면서 그 매력이 어떻게 작용하는지 알 수 있었다. 본인이 먼저 솔직해지는 것이 왜 중요한지, 그것이 다른 사람을 어떻게 변화시키는지 인간 박종진을 겪어본 나는 깊이 공감했다.
정준호 배우

저자는 소통에 대한 자신만의 철학을 통해 앵커의 새로운 지평을 열었다. 그런 그가 경험으로 확인한 인간의 속살과 인간관계의 꿀팁을 집약했다. 일상의 친근함, 생생함, 기발함 그리고 지혜가 독자에게 깊은 공감을 가져다줄 것이다.
신원식 전 합동참모본부 차장·육군 중장

뛰어난 말솜씨로 반 학생들을 통솔하던 중학교 때의 까까머리 박종진 학생의 모습이 아직도 눈에 선하다. 그가 이렇게 멋지게 성장해 여러 사람에게 좋은 영향을 미치고 있으니 대견할 뿐이다. 또 이번엔 살아가면서 얻은 경험을 책을 통해 교육적 가치로 승화시키니 더없이 자랑스럽다. 어릴 적부터 그를 지켜봐온 스승으로서 책에 담긴 진실함을 독자들이 다 같이 느껴보길 희망한다.
황적희 저자의 중학교 은사

박종진! 내가 청와대에 있을 때부터 그는 기자로서 참으로 끈질기게 김대중 대통령과 나를 취재했다. 괴롭긴 했지만 천생 기자다웠다. 이후 방송 진행자가 되어 탁월한 진행 능력과 감각을 보여주더니 이번에는 저자로 변신했다. 나는 그에게 취재 대상이자 인터뷰 대상이었지만 그의 책에서 한 페이지 이상은 함께 썼다는 생각에 아픈 과거가 눈 녹듯 사라진다. 박종진의 새로운 변신과 다짐에 설렌다. 그는 늘 바람이 불어오는 곳으로 간다. 박종진, 파이팅!
박지원 국민의당 대표

몇 달 전 박종진 앵커의 방송에 출연하면서 그를 처음 만났다. 그전에는 잘 모르던 사이였으나, 몇 번의 만남에 금세 가까워졌다. 오랜 인연이 아니더라도 박종진은 사람의 마음을 여는 특별한 능력을 가졌다. 그 능력으로 시청자의 마음도 사로잡고 있다. 이 책을 통해 인연을 만드는 박종진의 소통 노하우를 엿볼 수 있다. 항상 소통의 중요성을 강조하고 소통하는 정치를 꿈꾸는 나로서도 배울 점이 많았다. 독자 여러분도 책을 읽고 박종진의 소통 능력을 따라잡을 수 있길 바란다.
안희정 충남도지사

사람의 향기가 물씬 풍기는 '싸나이' 중의 '싸나이', 그가 바로 박종진이다.
김태호 전 국회의원·전 경남도지사

박종진 앵커와는 김대중정부 청와대 비서관과 출입기자로 처음 만나 지금까지 호형호제하며 지내고 있다. 특검 기간 내내 박 앵커의 응원에 힘을 얻었다. 박 앵커는 주변 사람들에게 항상 에너지를 주는 친구다. 박 앵커가 가장 자신 있을 인간관계에 관한 책을 출간한다 하니 나 또한 응원의 박수를 보낸다. 빨리 특검을 마치고 박 앵커와 소주 한잔 기울이고 싶다.

박영수 최순실국정농단 특검·변호사

그는 거침없고 단호하다. 때론 완전히 드러내는 솔직함으로 세상을 명쾌하게 분석한다. 시청자, 그리고 만나는 사람들과 진솔하게 소통할 줄 안다. 그런 박종진 앵커의 성품이 어떻게 사람과 사람 사이에서 긍정적으로 작동하는지를 이 책은 잘 보여준다. 그의 알토란 같은 이야기를 따라가다 보면 누구나 고개가 끄덕여지고 따라하고 싶다는 생각이 들 것이다.

표창원 국회의원(더불어민주당)

박종진과 잠시라도 함께하면 누구나 그의 팬이 된다. 그의 프로그램은 언제나 저널리즘 그 이상의 휴머니즘으로 가득 차 있다. 이 책을 읽으면 그가 왜 탁월할 수밖에 없는지 이해하게 될 것이다.

하태경 국회의원(바른정당)

내가 청와대를 나와 식당 매니저로 힘든 나날을 보낼 때 혹시 모를 불이익을 무릅쓰고 가게로 찾아와 용기를 주던 '의리 갑(甲)'의 박종진 앵커. 그가 인간 관계에 대한 이야기를 썼으니 믿을 만하다. 제목부터 화끈하다. 그는 내가 알기로 대한민국에서 가장 사이즈가 큰 마당발이다. 또 주위에 항상 웃음과 따스함을 선사하는 사람이다. 바로 눈앞의 이익에 급급하느라 정말 놓치면 안될 것들에 소홀한 요즘 사람들에게 훌륭한 나침반이 되리라 믿는다.

조응천 국회의원(더불어민주당)

오랫동안 지켜본 박종진 앵커는 해박한 지식과 혜안, 그리고 냉철한 판단을 갖춘 사람이다. 불의와 부정에 맞서고 어려움에 처한 사람에게 도움의 손길을 전해주는 용기 있고 따뜻한 친구이기도 하다. 세계적 경제학자 앨프리드 마셜이 남긴 '차가운 머리, 따뜻한 가슴'이란 말은 박종진 앵커와 참 잘 어울린다. 또한 그는 현실에 안주하지 않고 끊임없이 도전하는 사람이다. 자기계발과 인간관계를 주제로 한 이 책에는 언론인 박종진, 그리고 인간 박종진의 인생관이 실려 있다. 이 책을 통해 많은 독자가 그와의 소중한 인연을 만들어보길 바란다.

윤상현 국회의원(자유한국당)

우리 삶에서 스트레스는 대인관계에서 오는 것이 많다. 사람과 교류하는 것은 종합예술이기에 다양함에 적응하는 임기응변도 중요하지만, 그에 못지않게 스스로 흔들리지 않도록 중심과 원칙을 잡는 것도 중요하다. 이 미묘한 줄타기를 대한민국에서 가장 잘하는 사람은 누구일까? 바로 박종진이다. 박종진을 만나면 많은 사람이 편하게 속내를 털어놓는 이유가 무엇일까? 그 비결이 이 책 속에 담겨 있다. 어찌 아니 읽을 수 있겠는가?

이준석 바른정당 노원병 당협위원장

대한민국에서 가장 인간관계가 넓다는 종진이 형이 인간관계에 대한 책을 냈다. 종진이 형을 통해 방송에 데뷔한 이래로 밥, 술, 방송을 함께하며 형의 매력에 푹 빠진 터라 그 비결이 궁금했는데, 이 책을 읽으며 왜 다들 '박종진, 박종진' 하는지를 제대로 확인했다. 혈연·지연·학연에 좌절했다면 그가 털어놓는 경험과 조언을 통해 큰 깨달음을 얻을 것이라 자신한다.

강용석 변호사·전 국회의원

군자의 언어는 매끄럽기보다 투박하다고 한다. 박종진이 군자라는 뜻은 아니다. 하지만 그의 언어는 어눌하고 질박하면서 묘한 매력이 있다. 사람을 끌어당긴다. 어쩌면 그건 치열한 노력의 산물일 수도 있겠다. 책 속에서 그 노력의 단편을 확인해볼 수 있다.

김종혁 jtbc 앵커·전 중앙일보 편집국장

17년 전 청와대 출입기자로 박종진을 만났다. 그때도 자주 장소를 가리지 않고 엉뚱했다. 앵커가 된 후에도 그대로다. 그만큼 그는 가식이 없는 사람이다. 타고난 엉뚱함에 유머와 촌철살인의 멘트를 버무려 그는 친구 같은 최고의 앵커가 됐다. 이번에 펴낸 인간관계론은 엉뚱하게도 삶의 향기가 그윽하다.
박영환 KBS 취재주간·전 뉴스 9 앵커

"박종진에게 방송을 배웠다." 앵커를 맡으며 종종 다른 사람들에게 했던 말이다. 박종진 선배는 말 그대로 방송의 스승이었고, 기자가 어떻게 취재원을 대해야 할지 알려준 멘토다. 박종진은 결코 겸손하지 않다. 하지만 오만하지 않다. 자만하지도 않는다. '겸손은 위선이다'라는 말은 박종진만이 할 수 있는 이야기다. 이 책에는 그가 어떻게 다른 사람에게 영향을 미치고, 또 다른 사람으로부터 배웠는지, 그 삶의 노하우가 그대로 녹아 있다. 이렇게 또 한 번 배운다.
엄성섭 TV조선 앵커

박종진 선배는 출연자들을 능청스럽게 다루기도 하고, 때론 당황스럽게 만들기도 한다. 시청자는 권력자들에게 주눅 들지 않는 그의 모습에서 대리만족을 느낀다. 가끔 어휘 사용에서 오류(?)가 있지만 오히려 인간미가 넘친다. 책에서도 그의 '사람 냄새'가 물씬 난다. '줄 것 없으면 만나지 마라.' 평소 선배의 태도를 떠올리며 고개를 끄덕였다. 이렇게 이 책에는 지금껏 선배에게 배웠던 여러 인간관계 노하우로 가득하다.
천상철 채널A 앵커·기자

우리가 어떤 삶을 만들어나갈 것인가는
전적으로 우리 자신에게 달려 있다.

– 하인츠 쾨르너, 『아주 철학적인 오후』

어느 누구도 과거로 돌아가서 새롭게 시작할 순 없지만,
지금부터 시작해서 새로운 결말을 맺을 수는 있다.

– 카를 바르트

2014년 가을, 20년간의 기자생활을 접고 프리랜서로서 독립을 선언했을 때 안성에 있는 동아방송예술대에서 초빙교수 요청이 왔습니다. 학사 학위가 전부지만 교수를 꿈꾼 적도 있기에 흔쾌히 받아들였죠. 총장님은 많은 학생이 수강할 수 있는 '명사특강' 과목을 맡아달라고 했습니다. 과연 우리 젊은이들에게 어떤 얘기를 들려주면 좋을까 하고 강의 주제를 고민해봤습니다. 답이 바로 나왔어요. 인간관계. 제 삶과 인생철학에서 가장 중요한 요소라고 생각하는 이 얘기를 하기로 했죠.

2015년 말, 당시 제가 진행하는 TV조선 프로그램 「강적들」 특집에 여러 게스트가 나왔어요. 연출진은 출연자 이름 앞에 각각 닉네임을 붙여줬습니다. '뉴브레인' 이준석, '미녀요원' 박은지, '좌뇌' 김갑수, '우뇌' 이봉규, '빅데이터' 강용석, '안방마님' 김성경……. 제 닉네임은 '황금인맥'이었습니다.

평소에 저는 인맥이 좋다는 소리를 많이 듣습니다. 사람들이 그렇게 자주 말하고 저도 그런가 보다 했어요. 그런데 본격적으로 강의에서 이를 다루려고 하니 '무엇이 내 인맥과 인간관계를 만들었는지'를 제대로 분석해야만 했죠.

　핵심은 두 가지였습니다. 먼저 영혼을 완전히 오픈하는 것. 그리고 좋은 사람들을 서로 소개해주는 것. 자세한 설명은 본문에서 할 테지만 간단히 짚겠습니다.

　전 '크렘린' 같은 인간을 싫어합니다. 남을 관찰하기 좋아하고 자기 자신은 열지 않는 사람, 속을 들여다볼 수 없는 사람, 말이 너무 없는 사람……. 이런 사람들 말이죠. 저는 최대한 제 영혼을 있는 그대로 숨김없이 노출합니다. 또한 유식한 사람처럼 아는 체하지 않습니다.

　좋은 차, 비싼 시계를 보이며 부자인 척해서는 안 됩니다. 명문대 나온 것을 대단한 양 포장해서도 안 됩니다. 그리 대단치 않은 사람이란 게 결국 들통납니다. 스스로를 유식하다고 생각하는 사람이 실제로는 무식할 수 있습니다. 의사는 변호사의 법률 지식을 모르며, 변호사는 IT 개발자의 소프트웨어 지식을 모르지 않습니까. IT 개발자가 의사보다 의학 지식이 많을 리 없고요. 다들 자기 분야에서 조금씩 알 뿐입니다. 상대에게 진솔하게 내 무식함을 보여주면 상대도 자신의 무식함을 드러내기 마련입니다.

그러니 자신을 펼쳐 보여주세요. 투명한 유리처럼 속을 깊이 보여주세요. 상대방이 놀랄 정도로. 그리고 거추장스러운 거짓의 옷을 벗으세요. 그렇게 나에 대한 선택권을 상대방에게 넘겨주십시오. 이런 나 자신을 상대방이 선택할 것인가 아닌가를 말이죠. 투명한 나에게 매력을 조금이라도 찾았다면 상대방은 내게 빠질 것입니다. 만약 관계 맺는 데 문제가 있다면 스스로 마음의 문을 굳게 닫고 있지는 않은지 자문해봐야 합니다.

삶은 시간과의 싸움입니다. 알고 지내는 좋은 사람들이 점차 늘어가는데 시간은 한정되어 있으니 제대로 된 만남을 갖기가 힘들어집니다. '보지 않으면 마음에서 멀어진다(Out of sight, out of mind)'는 생각에 욕심을 내서 모두 자주 보려 하지만 불가능합니다. 이런 이유로 '인맥 공유'가 필요합니다.

전 중학교 시절 가장 친한 친구들부터 고교친구나 대학친구, 존경할 만한 선후배들까지 서로서로 소개해주었어요. 물론 오랜 기간 교제해오면서 훌륭한 인간성이 증명된 사람들이죠. 그러다 보니 때로는 저 없이 서로 만나기도 하고, 저보다 더 친해진 경우가 많습니다. 그들은 제가 없을 때면 제 안부를 확인하곤 합니다. 그들 사이에서 제가 '다리'가 되는 거죠. 그 자리에 없어도 인간관계 그물의 중앙에 있는 셈입니다. 이 점이 중요합니다. 시간이 흐를수록 제 인맥 그물은 확장됩니다.

흔히 사람들은 자신이 알고 있는 소중한 사람을 다른 이에게 소개해주지 않으려 해요. 나만 알고 있으려 하죠. 탐욕입니다. 맛있는 음식을 혼자만 먹겠다는 것입니다. 하지만 결국 혼자 다 못 먹습니다. 음식을 남기거나 배탈이 날 수밖에 없죠. '시너지 효과'란 경제보다 인간관계에서 더 중요한 용어입니다. 나만 소유하겠다는 욕심을 버려야 더 큰 것을 얻을 수 있어요.

물론 앞의 두 가지 요소 외에도 사람을 만나고 인연을 맺는 데는 여러 요인이 작용합니다. 본문에서 제가 직접 겪어서 터득한 다양한 인간관계의 법칙들에 관해 이야기하겠습니다.

혹자는 이럴지 모릅니다. 이른바 '김영란법(부정청탁금지법)'이 시행된 마당에 이제 인맥 동원하는 게 의미 없어진 것 아니냐고. 반대입니다. 법 시행으로 이제 진짜 인맥이 드러나게 됐어요. 회삿돈으로 사람 마음을 사려고 했던 행태는 이제 끝입니다. 진짜 내 사람, 진심으로 서로의 매력에 끌린 사람들이 이제 진정한 인간관계를 맺을 수 있게 됐습니다. 인맥을 쌓고 싶었다면 지금부터 제대로 해볼 수 있는 환경이 조성된 것이죠.

이 책은 시중에 나와 있는 처세술, 인맥관리를 다룬 자기계발서들과 차이가 있습니다. 무엇보다 제 실제 얘기가 담겼습니다. 직접 겪고, 느끼고, 깨달은 것들입니다.

그러다 보니 좀 다른 시각을 접할 수 있을 것입니다. 흔히 좋은 첫인상을 주기 위한 여러 방법에 관해 얘기하지만, 저는 "멋있어 보일 필요 없다. 처음부터 속내를 다 드러내라. 단점도 숨기지 마라"고 합니다. 남들 앞에서 항상 겸손하란 말 대신 "겸손은 위선이다. 차라리 제 자랑을 해봐라"고 합니다. 입은 닫고 귀를 여는 것이 소통의 전부인 양 말하는 사람들에겐 "침묵은 반항이고, 말없는 소통은 없다"고 역설합니다. 밥 사고, 술 사는 걸 음습한 '접대 문화'로 치부하는 시대지만, "더 자주 밥과 술 사라"고 조언합니다. 전화 잘 거는 법을 알려주기보다는 "전화 걸기보다 받기에 신경 쓰라"고 말합니다. 최근 네트워킹이 강조되면서 여러 사람이 모인 곳에 참석해야 좋다는 주장이 대세이지만, "여럿이 보지 말고 둘이서 만나라"고 합니다. 또 나만의 인맥을 공고히 하기보다 '인맥 공유'를 강조합니다. 회사생활에 대해서도 "상사 말은 믿지 말고, 인정받지 못한 채 이직하면 다른 곳에서도 꽝"이란 쓴소리를 할 것입니다.

1~3장에는 사람과의 인간관계를 어떻게 시작하고 관리하

며 확장해나가는지를 담았습니다. 4장에서는 직장인이라면 누구나 고민해봤을 법한 문제들에 대한 처세법을 소개합니다. 예외 없는 완벽한 해법은 아닙니다. 하지만 나 스스로를 높이며 자존감을 세우고, 사람들 사이에서 행복할 수 있는 방법이라고 자신 있게 말할 수 있습니다.

독자에 따라서는 "박종진이니까 가능한 거 아니냐" 또는 "기자였으니 할 수 있는 얘기 아니냐"고 반문할지도 모르겠습니다. 아닙니다. 제 조언을 듣고 실제 인간관계나 회사생활에 큰 변화를 만들어낸 다양한 성향의 후배들이 있어요. 기자가 아닌 전혀 다른 직업에 종사하는 후배들도 마찬가지입니다. 제가 책을 낼 생각을 하게 된 것도 무엇보다 여러 후배의 적극적인 권유 덕이었죠. 그리고 저도 처음부터 이 책에 나오는 내용을 실천한 것은 아닙니다. 수많은 사람을 만나고 겪으면서 존경할 만한 분들의 행동을 배우고 따라하고, 때로는 반면교사로 삼아 '저러면 안 되는구나' 하고 깨달았을 뿐입니다. 시행착오도 많이 거쳤습니다.

이 책을 내기까지 시간이 꽤 걸렸습니다. 지난해 초 원고가 어느 정도 준비됐지만 당시 총선이 있어 혹시 쓸데없는 오해를 받을까 싶어 출간을 연기했습니다. 6월엔 갑자기 TV조선에서 데일리 생방송 「박종진 라이브쇼」 프로그램 제안을 받으면서 일에 집중하느라 차일피일 늦어졌고요. 그리고 10월 이후 '최순실 사태'로 시작해 '대통령 탄핵'으로 이어진 혼란스런 정국 속에서 집필을 마무리할 여유를 빼앗겼습니다. 그렇게 올해 초가 돼서야 원고를 정리하게 됐습니다. 비록 출간에 많은 시간이 걸리긴 했으나 원고를 수차례 들여다보고 고쳐 쓸 기회를 더 누린 덕분에 좀 더 튼실한 책을 만들 수 있었습니다.

이 책을 출간하게끔 제안하고 끝까지 추진해온 출판사 대표 류원식과 그의 부인 나연에게 감사합니다. 공교롭게도 이 부부는 제가 각기 다른 회사에서 부장을 지내며 부원으로 함께 일한 후배 기자였어요. 나연과 술 마시는 자리에 류 대표가 예고 없이 합류하면서 책 출간 얘기가 처음 나와 여기까지 왔죠. 이렇듯 세상은 의외로 재미있습니다.

또 이 책이 탄생할 수 있었던 것은 책 속에 등장하는 지인들 덕입니다. 그들에게 폐가 되지 않도록 노력했지만 혹시 섭섭한 생각이 드는 분이 있다면 미리 사죄를 드립니다. 반대로 제가 좋아하고 존경하는 분들을 마음에 들어 하지 않는 독자들도 분명 있을 것입니다. 본문에서도 얘기하겠지만 완벽한 사람은 없습니다. 실수도 하고 부족한 점이 많은 사람일지라도 배울 점이 있고 숨겨진 매력도 있죠. 사람을 너무 단편적으로만 보지 않았으면 하는 바람입니다.

모든 것이 좋은 친구, 선후배, 은사, 멘토, 그리고 가족 덕입니다. 그들에게 진심으로 고맙다는 말을 전하며, 이제 시작합니다.

2017년 3월

박종진

목차

1장 **인간관계의 시작**

마음을 열어 사로잡는다

박종진 앵커에게
인간관계 문제를 묻다

인간관계의
시작

마음을
열어
사로잡는다

1

자신을
까발려라

정직을 잃은 자는 더 이상 잃을 것이 없다.
- 존 릴리

처음부터 완전히 오픈하라

나는 어려서부터 꿈이 참 많았다. 초등학교 때 꿈은 소설가였다. 1980년대인 중학교 때는 육군사관학교를 가겠다고 마음을 먹었다. 고등학교 때는 아버지 소원대로 검사를 꿈꿨다. 대학교 3학년 때 지금의 아내를 만났는데, 졸업 즈음 고시 공부를 하겠다고 하니 합격 때까지 기다릴 자신이 없다면서 결혼을 안하겠단다. 이를 계기로 본격적으로 언론인의 꿈을 꾸게 됐다.

돌이켜보면 언론인을 할 재능이 있었던 것 같다. 그래서 20년 넘게 이 바닥에서 그럭저럭 잘해내고 있다. 그 재능이 바로 '친화력'이다.

고려대학교 재학 시절, '타임반' 활동을 했다. 미국 주간지 「타임Time」을 읽고 토론을 하는 동아리였다. 타임반 선배들은 나를 좋아했다. 밥 사주겠다고 먼저 말을 붙여오는 선배도 많았다. 원래 후배가 먼저 밥 사달라고 조르는 게 자연스러운 모양새인데 말이다. 그렇게 밥을 얻어먹으면 선배들이 말했다. "너 참 친화력이 대단하다"고.

그때 타임반에서 함께 공부한 선배들 중엔 기자를 꿈꾸는 사람이 많았다. 현재 김민배 고려대 언론인교우회장TV조선 총괄전무을 비롯해 정순영 SBS 제작위원 등등 선배들이 언론사 곳곳에 둥지를 틀고 있다. 언론인 지망생들은 대부분 친화력이 좋아 타임반에 있는 상당수 선배들, 친구들도 사람 사귀는 데 굉장히 적극적이었다. 그런데 그 사이에서도 내가 돋보였다는 것이다.

선배들의 칭찬만을 듣고서야 무엇이 나를 '친하고 싶은 사람'으로 만들었는지 생각해보게 됐다. 내가 내린 결론은, '먼저 나를 오픈* 한 것'이었다.

나와 친분이 있는 연예인들로는 박상원, 선우은숙, 유지인, 최명길, 김흥국, 김형자, 강석, 김승우, 정준호, 남희석 씨 등이 있다. 기자생활을 하면서 정재계 인사들을 주로 만나온 내게 이들은 의외의 인맥일 수 있다. 게다가 이들 중 몇몇은 호형호제하는 사이다. "어떻게 그토록 친해졌냐"고 누가 물어오면 대답한다. "딱 한 번 인터뷰한 게 전부"라고. 한 번 만나도, 두 번 만나도 오래된 친구 같은 사람이 되고 싶었다. 그 첫걸음이 바로 나를 모두 오픈하는 것, 스스로를 까발리는 것이다.

먼저 자신을 숨김없이 드러내면 사람들과 쉽게 가까워질 수 있었다. 어찌 보면 대단한 비결이 아니다. 사람들은 모르는 사람을 처음 만나면 상대방이 어떤 사람인지, 어떤 생각을 갖고 있는지를 읽어내려고 한다. 사실 굉장히 피곤한 일이다. 나를 만나는 사람도 마찬가지일 것이다. 그래서 상대방이 나를 탐색하려 하기 전에 나부터 속을 열어서 보여준다. 방금 만났어도 속이 보일 만큼 투명한 사람이 되면 어렵지 않게 심리적 거리를 좁힐 수 있다.

■ 숨기지 말고 자신의 속내를 다 보이라는 의미로 '오픈하다'라고 썼다. 어법에는 좀 어긋나도 영단어 자체로 의미가 잘 전달되는 것 같아 그대로 표현했다.

자신을 펼쳐 보여주어라. 나는 이러이러한 사람이다. 이런 나를 선택하겠는가? 나를 다시 만날 것인가? 앞으로도 서로에게 의미 있는 사람이 되고 싶은가? 나에 대한 선택권을 상대방에게 넘겨준다는 생각으로 이렇게 드러내라. 사람들은 저마다의 매력이 있다. 그 매력을 투명하게 보여주면, 상대방이 나에게 빠질지 말지 선택하게 할 수 있다. 내 매력에 관심이 생긴다면 호감을 끌어낼 수 있다.

첫눈에 반하게 해야 한다. 직장 동료든, 거래처 고객이든, 친구 소개로 만난 사이든 첫눈에 반하는 건 중요하다. 물론 연인의 첫 만남 때처럼 상대방에게 간헐홀처럼 빠져 들어갈 수 있단 얘기는 아니다. 그러려면 나를 확실하게 보여줘야 한다. 쉬운 사람이 되라는 것이 아니다. 속이지 않는 사람, 가식적이지 않은 사람이 되라는 거다.

처음 사람을 만나 대화를 할 때, 혹은 인터뷰를 할 때 나는 이렇게 한다. 들입다 궁금한 점만 묻는 게 아니라, 내 경험담을 섞어 질문을 한다. 그러면 상대방이 좀 더 쉽게 자신을 연다. 무작정 "첫 키스가 언제였냐"고 묻기보다 "저는 첫 키스를 좀 일찍 했어요"라고 먼저 말하는 식이다. 나를 들여다볼 기회를 먼저 주면 사람들은 내게 좀 더 편하게 다가온다.

일전에 한 검사를 만난 적이 있는데 지나치게 방어적이었다. 혹시나 안면을 트고 나서 청탁을 하거나, 수사 중인 사건을 취재할까봐 좌불안석이었다. 그는 내가 친해질 수 있는 마음의 여유를 조금도 허락하지 않았다. 이런 식이면 인간관계는 거기서 끝이다. 또 어떤 사회지도층 인사는 자신의 말이 행여나 보도될까 싶어 의례적인 대화 외에는 하지 않았다. 순수하게 만난 건데도 상대가 그렇게 나오면 시간을 들여 나를 이해시키든지, 관계를 포기하든지, 둘 중 하나밖에 없다. 후자를 택할 가능성이 더 크다. 나도 시간이 별로 없기 때문이다.

나를 오픈하는 것. 대단한 기술은 아니지만, 말처럼 쉽지 않다. 특히 공인일수록, 손에 쥔 게 많을수록 더 그렇다. 말 한마디 한마디의 무게가 어마어마해서다. 그 입에, 말 한마디에, 대중이 관심을 보이고 언론이 집중하고 있는데 완전히 속마음을 내비치기가 어디 쉽겠나. 유명인사가 아니더라도 '속 깊은 얘기를 꺼냈다가 상대가 이상하게 받아들이면 어떻게 하나'란 생각이 드는 건 누구나 마찬가지다. 그래서 자신을 조금씩 가리면서 스스로 편안함을 느끼려는 것이다.

어떻게 보면 속내를 내비치는 것은 조금 리스크가 있을 수도 있다. 적당히 숨기면서 안전하고 싶은 생각이 들 수 있다. 하지만 내 경험상 자신을 오픈해서 손해가 된 적은 손에 꼽을 정도에 불과하다(아주 없다고는 못하겠다). 내 말을 믿고 '100퍼센트 오픈'에 도전해보라고 말하고 싶다.

사소한 정직을 쌓아라

"선배, 어제 과음해서 출근 못했습니다. 정말 죄송합니다."

변명이라고는 없었다. 정직했고, 명쾌했다.

TV조선에 엄성섭이라는 앵커 후배가 있다. 항상 무슨 대단한 사건이 난 양 엄청나게 큰 목소리로 진행하는 친구다. 2000년 대 초, MBN 정치부에서 기자생활을 같이할 때였다. 나는 당시 집권당이던 민주당(현 더불어민주당) 담당이었고, 엄성섭 기자는 한나라당(현 자유한국당) 담당이었다. 우리는 술을 좋아했다.

함께 거하게 술을 한 이튿날, 점심시간에 해장을 하자고 전화를 걸었다. 엄 기자는 다 죽어가는 목소리로 전화를 받았다. 어제 술을 많이 먹어 아예 출입처˙에 오지 않았다고 했다.

당황스러운 일이었다. 엄격한 기자 사회에서 출근은 생명이

˙ 취재기자들의 주요 담당 정부부처, 기관, 기업 등을 통칭하는 말이다. 한 회사의 같은 부서라도 기자별로 출입처가 다르며 중요 출입처는 여러 기자가 맡는다.

다. 기자실에 가보면 입에서 술 냄새가 진동하는 기자가 항상 여럿 있다. 어떻게든 다들 출근한다는 소리다. 그러니 후배 성섭이의 태도에 어떻게 해야 하나, 혼란스러웠다. 하지만 묘하게도 이내 성섭이가 멋있게 느껴졌다.

사실 거짓말을 하려 들면 얼마든지 할 수 있었다. 출근도장을 찍는 일반 직장인들과 다르게 기자들은 각자 출입처로 바로 나가 각개전투를 한다. 여관방에 있더라도 기사만 제때 쓰면 선배들의 눈을 피할 수 있다. 물론 기자밥 좀 먹은 선배들은 후배가 집에 있는지 출입처에 있는지 다 안다.

솔직히 나도 평기자 시절 술을 많이 먹어 제대로 출근하지 못한 적이 많다. 그때마다 길이 막힌다, 링거를 좀 맞아야겠다, 치과에 들렀다 간다 등 부장에게 온갖 거짓말을 했다. 지금 생각해도 부끄럽다. 나름 그럴싸하다고 생각했는데 선배들은 다 알고 있었으리라. 아예 성섭이처럼 솔직히 말했으면 멋있었을 것을.

난 성섭이에게 말했다. 하루 푹 쉬라고. 너한테 큰 걸 배웠다고. 오늘 내가 네 몫의 기사까지 다 쓰겠다고. 다만 다음에 내가 힘들어 출근을 못하면 네가 내 몫까지 써야 한다고. 그러고는 하하하! 웃었다.

솔직하기만 하면 모든 것이 용인된다는 의미가 아니다. 자신의 과오 앞에서도 정직할 수 있는 점을 높이 산다는 얘기다. 그 건 용기다. 그날 이후 성섭이가 어떤 보고를 해도 의심하지 않았다. 성섭이는 정직으로써 나와 신뢰를 쌓았다.

그날 나는 성섭이 몫까지 일을 처리해 업무에 지장이 없도록 했다. 당연히 그의 무단결근 사실은 상부에 보고하지 않았다. 혹자는 이렇게 물을 수도 있다. "막상 당신이 정직하지 않았던 것 아니냐"고.

후배의 실수를 눈감아준다는 것. 어폐가 있을진 모르지만, 조직에서 이러한 거짓말이 필요할 때가 있다. 편의상 이를 '선 의의 거짓말'이라고 하자. 선의의 거짓말을 할 때는 한 가지 원 칙이 있다. 자신을 위해서가 아닌, 타인을 위한 것이어야 한다. 상대방의 허물을 덮어주는 아량은 그로 하여금 다시는 실수하지 않겠다고 다짐하게 만든다.

상사나 선배라면 정직하게 일하는 후배들을 조건 없이 감쌀 수 있어야 한다. 모든 후배에게 그러라는 건 아니다. 나는 있는 그대로를 다 보여주는 후배들에게만 그랬고, 항상 말했다.

"너희가 완전히 정직하면 나는 용서한다. 옷을 벗는 한이 있 더라도 책임을 지겠다. 하지만 거짓말을 하면 결정적인 순간에 보호할 수 없다."

사소한 정직은 사회생활에 있어 핵심 요소다. 대단한 정직이 아니다. 사소한 정직이 신뢰를 낳고 조직생활을 즐겁게 만든다. 반대로 거짓말은 작더라도 불신을 낳는다. 불신은 화합을 해친다. 팀워크가 망가진 조직에서 일의 생산성이 오르지 않는 건 당연한 결과다.

정직에는 중간이 없다 ●

　나에겐 특별한 능력이 있다. 누군가 몇 마디 대화를 나눠보면 그 사람이 수학을 잘하는지 못하는지 단번에 알 수 있다. "학교 다닐 때 수학 잘했죠?"라고 물으면 십중팔구 다들 "어떻게 알았느냐"고 되묻는다.

　수학을 잘하는 사람은 말을 유창하게 못한다. 하지만 핵심을 정확히 이야기한다. 그래서 주고받는 대화가 간단하고 명쾌하다.

　미적분, 방정식, 수열, 확률…… "사회에 나오면 써먹지도 못하는데 왜 수학을 배우는지 모르겠다"고 하는 사람들이 있다. 나는 이렇게 말하고 싶다. "정직하기 위해서"라고. 엉뚱한 소리 같은가? 비약일 수 있지만 맥락 없는 얘기는 아니다.

　수학은 가장 기초적인 학문이다. '날것' 그대로다. 수학에 빠진 사람들은 진리나 진실에 한 발짝 다가가는 느낌 때문에 수학이 좋다고 한다. 실제 그렇다. 답도 딱 하나잖은가. 군더더기가 없다. 명확하다. 틀린 답에 아무리 이런저런 이유를 갖다 붙여도 정답이 되지 않는다. 핑계가 설 자리가 없는 것이다. 솔직함, 정직함과도 궤를 같이한다.

『어느 수학자가 본 기이한 세상』이란 책이 있다. 종교의 미신을 논박하는 내용이다. 글쓴이는 포항공대 수학과 강병균 교수. 그는 '수학자가 종교책을 쓴 이유'를 묻는 질문에 "수학은 어느 것이 진리냐 진리가 아니냐만을 따진다. 중간은 없다. 수학은 종교가 진리인가 아닌가를 탐구하는 데 몸에 밴 탁월한 힘을 발휘한다"고 답한다. 수학에 대한 내 의견과 일맥상통한다.

정직에 대한 얘기를 꺼내면서 거창하게 수학을 들먹인 것은 흔히 '정직하자, 솔직하자, 속내를 내보이자'고 말하지만 실제로 실천하기가 그리 쉽지 않아서다. 사고의 틀 자체를 바꿔야 하는 간단치 않은 일이다. 인문·사회과학은 하나의 진리가 아닌, 환경에 따라 참과 거짓이 바뀔 수 있는 여러 이론을 놓고 논쟁을 벌인다. 수학적 사고와 사고 체계가 다르다. 인문학자와 수학자는 그만큼 다른 부류의 사람일 확률이 높다. 수학 잘하는 사람만 정직할 수 있다는 얘기가 아니다(인문·사회과학을 폄훼하려는 건 더더욱 아니다). 그만큼 정직하기가 쉽지 않다는 것이다. "내일부터 거짓말 절대 안 할 거야"라고 100번 외치고 잠자리에 들어도 내일 되면 말짱 도루묵일지 모른다.

'나는 나 자신 하나다. 내가 한 일도 사실 그 자체로 하나다. 여기에 보태거나 빼지 말자. 그대로 보여주고, 그대로 이야기하자.' 이 같은 마인드를 갖추려고 노력하자. 사고가 바뀌고, 태도가 바뀌면서 정직함에 한 발짝 더 다가설 수 있을 것이다.

김동길 연세대 명예교수는 거짓말이 나라를 망친다는 얘기를 자주 한다. 그러면서 "적어도 배운 사람을 자처하는 사람들은 거짓말하지 말아야 한다"고 역설한다. 지식인이라는 사람들, 학식 있다는 사람들, 권력을 쥐고 있는 사람들이 나중에 뻔히 드러날 사실을 두고도 너무도 태연하게 거짓말하는 모습을 본다. 2016년 가을부터 벌어진 대통령 주변의 참담한 사건들도 결국 거짓말이 불씨가 되고 거짓말로 점점 일이 커졌다. 다 많이 배우고 힘 있는 사람들이었다. 권력자가, 엘리트가 정직하지 않으면 어떻게 되는지 또다시 교훈을 얻는 계기가 됐다.

첫 만남부터 자신을
오픈하라는 게 구체적으로
어떻게 하라는 건지 모르겠어요.
어떤 방식으로 저를
보여주는 게 좋을까요?

첫 만남부터 다 보여주긴 힘들겠죠. 나의 좋은 점, 나쁜 점, 과
거사 이런 걸 초면에 어떻게 다 드러내겠어요. 오픈하라는 건,
상대방에게 나를 들여다볼 기회를 반복해서 주라는 겁니다.
대화를 할 때 질문만 하지 말고 내 얘기를 먼저 하란 것도 그래
서예요.

남한테 듣고 싶은 얘기가 있으면, 내가 먼저 그 얘기를 하면 돼
요. 사회생활을 하면서 힘든 점에 대해 듣고 싶으면, "난 보고서
를 쓸 때마다 머릿속이 하얘진다"와 같이 먼저 본인 얘기를 하는
식이죠. 그러면 상대가 나를 더 알게 되고, 자신에 대해서도 더

쉽게 오픈해요.

또, 자연스럽게 행동해야 해요. 괜히 격식 차리려고 하면 부자연스럽거든요. 너무 딱딱한 자세로 앉아 있지 말고, 화장실도 편하게 다녀오고요. 분위기를 좀 유연하게 할 필요가 있어요. 사람들은 보통 초면에 스스로를 포장하려고 해요. 지적(知的)으로 보이려고 하고, 깨끗한 척하고요. 그러면 서로 불편합니다. 계속 강조하지만 마음을 여는 것이 서로 편해지는 지름길이에요. 특히 내 모자란 부분, 약점은 빨리 밝히는 게 좋아요. 콤플렉스를 먼저 보여주란 겁니다. 그래야 상대방이 '아, 저 사람은 편안한 사람이구나' 하고 생각합니다.

사람을 끌어들이려면 의도를 갖고 만나면 안 돼요. 마음을 비워야 합니다. 다른 생각을 품고 있으면 상대가 바로 알아채고 나한테 오지 않아요. 마음을 비우고, '때리면 맞겠다'는 식으로 무장해제한 상태, 그렇게 되면 나도, 상대방도 편해져요.

■ 편집자 주: 이 책을 먼저 읽은 독자 모니터단의 궁금증에 대해 저자가 속 시원한 해법을 내놓았습니다. 이를 재구성해 싣습니다.

2

단점도
드러내라

세상이 완벽했다면 존재하지 않았을 것이다.
- 요기 베라

한 잡지에서 읽은 내용이다. 지방의 작은 시골마을, 직원이라야 고작 예닐곱인 면사무소에서 행정업무를 보는 아버지가 있었다. 지방 하급 공무원이니 높은 자리로의 영전 같은 건 기대하기 어려웠다. 게다가 아버지를 향한 주위의 시선이 긍정적이지 않았다. 바보처럼 보인다거나 머저리의 사투리인 '모지리'라는 소리를 자주 들었다.

"아버지, 넥타이를 왜 그렇게 매세요?"

출근 준비를 하는 아버지 곁에서 아들이 물었다. 잘나진 않았어도 부족할 것도 없는 아버지가 넥타이 탓에 늘 어눌하게 보였다. 한두 번 매는 것도 아닌데, 아버지의 넥타이 매는 실력은 형편없었다. 앞으로 나오는 큰 면은 짧게 위로 올라가고, 좁은 면인 뒷부분은 허리춤까지 늘어졌다. 넓은 앞쪽에 가려 보이지 않아야 할 뒤쪽 넥타이가 길게 삐져나오기 일쑤였다. 아들이 대신 매준다고 해도 아버지는 극구 고사했다. 그저 허허 웃을 뿐이었다. 영문을 모를 노릇이었다.

그런데 희한했다. 그런 아버지는 의외로 승승장구했다. 면서기에서 군수까지 승진하였으니 누구도 예상 못한 일이었다. 손가락질을 받던 아버지가 군수라는 높은 자리까지 올라갈 수 있었던 이유를 아들은 뒤늦게 깨달았다. 아버지가 돌아가시고 세월이 한참 흐른 어느 날, 그가 아버지처럼 나이 먹은 후였다. 바로 넥타이 때문이었다.

잘나가는 사람에 대한 시기와 질투가 우리 사회에 팽배해 있다. 타인이 잘되면 진심으로 박수를 보내기보다 시기와 질투를 한다. 그로 인해 내가 피해를 입지 않았는데도 말이다. 타인이 나보다 좀 더 잘나 보인다는 이유에서다. 오죽하면 사촌이 땅을 사면 배가 아프다는 속담이 있겠나. '잘됐다', '축하한다'는 말 대신 '부럽다'고들 한다. 엄연한 시기다. 상대방에게 시기와 질투를 느끼면 경계심도 생긴다. 주변에 적을 두게 되고, 진심으로 다가설 마음이 없어지면 인간관계가 좁아진다.

앞의 이야기에서 아이러니하게도 면서기인 아버지는 넥타이를 서툴게 매는 것으로 완벽해지는 것을 거부했다. 아들이 깨우친 것이 바로 그것이었다. 농사짓는 사람들 앞에서 잘난 공무원으로 보이지 않으려는 것, 군수가 될 만큼 유능했지만 주변 사람들의 시기와 질투를 받지 않기 위해 '일 잘하는 모지리'가 되는 것. 덕분에 아버지는 '좀 어눌해 보여도 성실하게 묵묵히 일하는 사람'으로 인정받았고, 지방 하급 관리에서 군수라는 자리까지 오를 수 있었다. 세상을 적당히 둥글고 무르게 살고자 한 깊은 속뜻을 아들은 뒤늦게 깨달았다.

완벽할 수도, 완벽할 필요도 없다 ⦿

세상에 완벽한 사람은 없다. 완벽하면 신이지 인간이 아니다. 따라서 누구나 단점이 있을 수밖에 없다. 사람들은 약해 보일까 두려워 단점을 감추려 하지만, 오히려 단점을 인정하는 사람이 이 세상을 좀 더 편안하고 효율적으로 살아간다. 넥타이를 허투루 매어 스스로 완벽하지 않음을 강변한 어느 아버지처럼 말이다.

대부분의 사람들은 인간관계를 맺을 때 상대방의 완벽한 모습보다는 진솔하고 편안한 면에 더 끌린다. 물론 실수하지 않을 만큼의 자기관리는 필요하다. 그러나 억지로 자신의 약점이나 단점을 감추고 완벽한 사람처럼 보이려고 할 필요가 없다.

차라리 완벽하지 말자. 완벽해 보이려고 포장하지 말자. 있는 그대로의 모습을 드러내는 것이 당신을 사람답게 보이게 한다. 답답한 넥타이를 목 끝까지 바짝 조이고 자세를 꼿꼿하게 세워 하루를 살지 말자는 얘기다.

완벽하지 않은 나와 마찬가지로, 존경받는 누군가도 허술한 구석이 있다는 것을 알면 동지의식을 느끼게 된다. 이에 비해 나와 다른 사람, 나보다 나은 사람이라는 인식은 거리감을 갖게 한다.

이런 이유로 나는 완벽한 척 가식을 떨지 않는다. 허세도 부리지 않는다. 어렵지 않다. 위선자로 살지 않으면 된다. 완벽하지 못하다고 감추고 숨길 이유도 없다(물론 가식이 생활화된 사람에게는 어려울 수 있다). 상대적 거리감을 줄이니 동료가 다가오고 새로운 인연이 늘어난다. 나의 단점이 당신에게 소탈함으로 느껴질 수 있다면, 오늘 우리는 또 다른 성공적 관계를 시작한 것이다.

　학창 시절, 우리 집은 경제적으로 풍족하지 않았다. 아르바이트를 많이 할 수밖에 없었다. 초등학교 때도 예외는 아니었다. 사춘기 시절, 어린 마음에 아르바이트한다는 사실을 숨기고 싶었다. 그러나 가난은 쉽게 숨겨지지 않았다. 아르바이트를 하면서도 안 하는 척 행세할 여유가 없었다. 눈앞에 닥친 가난을 헤쳐나갈 수밖에 없었다. 나는 경제적 어려움을 숨기지 않기로 마음먹고 당당해지려 애썼다. 이는 곧 보상으로 이어졌다. 공부도 잘하면서 돈도 버는 성실한 학생이라는 추천으로 중학교 2학년 때 문교부(현 교육부) 장관상을 받았다.

　대학교 입학 후에는 등록금을 마련하기 위해 과외를 했다. 나름 족집게였고, 인기 있는 과외 선생이 됐다. 과외비는 우리 집 가계에 큰 보탬이 됐다. 당시 경찰 고위 간부의 자녀를 가르친 적이 있었다. 그 학생의 부모에게 생활고 때문에 돈을 열심히 벌 수밖에 없다고 얘기한 적이 있는데, 학생의 아버지가 그런 나를 대견하게 봐주었다. 그 집 손님 중에는 사회지도층이 많았는데 그분들에게 나를 조카라고 소개해 함께 어울리도록 해주었다. 그때 여러 사람을 만날 수 있었고 그러면서 더 넓은 세상을 접할 수 있었다.

　이뿐만이 아니다. 어려서부터 일하며 돈의 가치를 잘 알게 됐고, 마음만 먹으면 어떻게 해서든지 돈을 벌 수 있다는 자신감도 얻었다. 가난해도 비굴해질 필요가 없다는 교훈도 얻었다. 이처럼 어릴 적부터 생활전선에 뛰어든 경험은 나의 약점을 오히려 강점으로 탈바꿈시켰다.

말더듬이, 어떻게 최고의 앵커가 되었나 ⋮

나는 2012년 'TV앵커부문 참언론인 대상'을 수상했다. 숱하게 많은 앵커가 있지만, 이 상을 받은 사람은 극소수다. 나로서는 영광스러운 일이었지만, 한 동료가 볼멘소리를 했다.

"너처럼 어눌한 앵커가 어떻게 그런 큰 상을 받았냐?"

또 다른 동료는 이렇게 말했다.

"말을 가장 유창하게 하는 앵커는 손석희고, 말을 가장 어눌하게 하는 앵커는 박종진이다."

공교롭게도 달변가인 손석희 앵커(jtbc 보도담당 사장)와 눌변가인 나는 둘 다 '참언론인상'을 받았다. 내게는 까마득한 선배인 손석희 앵커는 말을 조리 있고 깔끔하게 한다. 그가 즉석에서 적어 하는 멘트를 읽어보면 마치 고심하여 쓴 원고 같다. 논리적이고 빈틈이 없다. 반면에 내가 출연한 방송을 모니터하고 있자면, 내 눈에도 투박하고 뭔가 모자라 보인다.

하지만 나는 굳이 손석희 앵커처럼 되고 싶은 생각이 없다. 그처럼 말주변을 챙기느라 애쓰지 않는다. 손석희 앵커처럼 말을 할 수도 없거니와, 어눌한 말투가 오히려 장점이 되기도 해서다. 사람들은 나를 편안하게 대하는 편인데 내 어눌함이 그 이유 중 하나다. 사람은 모두 '생긴 대로' 사는 것이다.

자신과 맞지 않은 스타일을 고집하기보다 약점을 강점으로 승화시킨 좋은 예를 나는 많이 봤다. 프로골퍼 박인비는 선천적으로 손목이 약하다. 수만 번의 시행착오를 거친 그녀는 손목 코킹 을 거의 하지 않는 자신만의 스윙을 만들었다. 남들이 볼 때는 뭔가 투박하고 어색하지만 자신의 몸에 맞는 최적의 자세를 만들어낸 것이다. 피겨스케이팅 선수 김연아는 라이벌 아사다 마오가 하던 트리플악셀을 익히지 못했다. 난이도가 높아 성공하기만 하면 높은 점수를 딸 수 있는 기술이지만, 어릴 때 익히지 못하면 기술을 완성할 수 없다. 김연아는 그 대신 트리플 러츠-트리플 토루프을 연달아 하는 점프를 익혔다. 또한 발레를 배우고 그것을 바탕으로 안무를 만들어 예술 점수와 구성 점수를 높였고 올림픽 금메달을 딸 수 있었다. 또한 두산 베어스의 투수 유희관은 2군 붙박이 선수였지만, 느린 구속을 극복하기 위해 상대의 심리를 교묘하게 활용하는 심리전과 스트라이크존 구석구석을 찌르는 제구력을 키워 에이스급 선수로 거듭났다.

나도 마찬가지다. 어눌한 말투를 고칠 생각이 없다. 내가 인터뷰를 하는 대상은 정치, 경제, 문화에 걸쳐 영향력을 행사하는 사람들이다. 이런 사람들은 구설수에 휘말리는 걸 경계해서 예상 질문에 대한 답변을 준비해오는 경우가 대부분이며, 따라서 어느 방송이나 신문에서 인터뷰를 해도 비슷한 말만 되풀이하기 십상이다. 특히 앵커가 달변인데다 적극적이라면 혹시라도 그 페이스에 말려 속내를 털어놓을까봐 극도로 자신을 방어하려고 든다.

하지만 사람들은 나를 만나면 이내 경계심을 놓곤 한다. 말투도 느리고 뭔가 좀 모자라 보여서 속내를 쉽게 털어놓기도 하고, 다른 방송에서 하지 않은 이야기를 술술 풀어내기도 한다. 덕분에 나는 특종을 여러 번 잡기도 했다. 『무궁화꽃이 피었습니다』, 『고구려』, 『싸드』 등을 쓴 김진명 작가는 "박종진 앵커와 마주 앉으니 비밀을 털어놓고 싶어지더라" 하고 고백하기도 했다.

사실 나는 어릴 때 말더듬이였다. 성격이 너무 급해 말을 더듬었다. 소프트웨어는 재빠르게 돌아가는데 하드웨어가 따라주지 못해 버퍼링이 걸리는 컴퓨터 같았다. 어머니는 그런 나를 볼 때마다 "급하게 말을 쏟아내려고 하지 말고 천천히 말해라. 한 글자씩" 하고 말했다. 말을 더듬지 않으려고 그런 식으로 천천히 말하다 보니 차차 더듬지 않게 되었지만 어느새 어눌한 말투가 굳어져버렸다. 만약 그런 단점을 나만의 개성으로 살리려 하지 않고 단점을 극복해 잘나가는 사람 흉내 내기에 급급했다면 죽도 밥도 되지 않았을 것이 자명하다.

다시 한 번 말하지만, 완벽할 필요가 없다. 단점을 숨기지 마라. 단점은 얼마든지 나만의 장기로 살릴 수 있다.

단점이나 약점을 보였다가
상대방이 진술하게 보기는커녕
깔보면 어떡하죠? 박종진 앵커는
다른 사람이 어눌한 말투를 놀려도
정말 괜찮은가요?

그게 겁납니까. 저를 깔보는 사람도 있어요. TV조선 「강적들」 프로그램의 출연진 중에도 저를 좀 업신여기는 분이 있죠. 혹 자는 저한테 그러더라고요. "고려대 출신인데 그것도 몰라요?" 근데 기분 안 나빠요. 각자 잘 아는 분야가 다르잖아요.

의사가 법에 대해서 잘 알겠어요? 그런 걸 가지고 무식이고, 유 식이고 논하는 게 웃긴 거죠. 진짜 무식한 건 깔보는 사람이에요. 스스로 부족한 걸 숨기려고 남을 지적하는 거예요. 간혹 공부를 많이 했다는 사람이 "당신이 잘 몰라서 그러는데"라는 말을 거리 낌 없이 하는데, 제 눈에는 그게 참 무식해 보여요.

사람들이 제 어눌한 말투를 놀리는 거요? 괜찮아요. 오히려 제 장점이라고 생각해요. 어눌함에서 진실함이 묻어나올 수 있다고 보거든요. 말이 너무 유창하면 포장만 화려하고 알맹이는 별것 없을 때가 많아요. 대부분의 사람들도 그런 사실을 잘 알죠.

그러니 본인의 단점을 억지로 숨기려고 하지 마세요. 숨기려 할수록 더 부각됩니다. 실제로는 단점이 아닐 수도 있는데 말이죠. 숨기지 마세요. 더 어색해요. 오히려 드러내면 편안해집니다.

3

겸손은
위선이다

평범한 사람의 겸손은 정직에 불과하고
비범한 사람의 겸손은 위선이다.
- 쇼펜하우어

상대를 높이면 나도 올라간다 :

기자들은 자기 잘난 맛에 산다. 다 그런 건 아니겠지만 대부
분 그렇다. 잘못 인정을 잘 안 하고, 자기 기사가 최고인 줄 안
다. 고집이 세다. 지갑도 잘 안 연다. 취재원과 만나서 밥값 내
면 큰일 나는 줄 안다. 흔히 '기자질'이라고 한다(청탁금지법™ 대
상자에 언론인이 포함된 배경 중 하나라고 본다). 나는 기자 시절에 이
런 기자질을 안 했다. 취재원과도 친해지면 그냥 '형, 동생' 했

다. 종종 밥도 사고, 술도 샀다.

MBN에서 서울시청을 출입할 때의 일이다. 난 그때 방송기자 간사를 맡았다. 간사는, 말하자면 기자실에서 '반장'이다. 출입처가 바뀔 때마다 간사는 항상 내 몫이었다. 기자실에는 '대왕마마'가 있다. 우리끼리 하는 말이다. 연차가 높고, 오랫동안 한곳을 출입한 고참 기자들을 가리킨다. 어느 출입처든 대왕마마가 있고, 그들이 간사를 하는 경우가 많다. 그런데도 난 출입처가 바뀌어도 간사를 도맡았다. 공중파 방송국에서 온 대왕마마도 많은데 말이다. 무엇 때문이었을까.

나는 출입처로 출근하면 항상 공보실, 홍보실에 먼저 들렀다. 간단한 아침 인사와 안부를 묻고 기자실로 갔다. 출입 기자들에게도 꼬박꼬박 인사를 했다. 공보실 직원 모두를 동등하게 대했다. 직급이 5급이든 9급이든. 그리고 나는 시장도 동등하게 대했다.

오세훈 전(前) 서울시장과의 일화가 있다. 하루는 오 전 시장이 기자들과 체육대회를 마치고 저녁에 회식을 가졌다. 분위기

■　부정청탁 및 금품 등 수수의 금지에 관한 법률. '청탁금지법'으로 줄여 얘기하기도 하고, 2012년 김영란 당시 국민권익위원장이 발의했다고 하여 '김영란법'이라고도 부른다. 2016년 11월 30일부터 시행됐다.

가 무르익었을 때, 나는 오 전 시장의 손을 잡아끌고 공보실 직원들이 있는 방으로 데려갔다. 시장이 갑자기 들어오니 직원들은 다들 긴장 상태였다. 나는 특유의 너스레를 떨었다. 직원들한테는 "시장에게 불만 있으면 이 기회에 다 털어놓으라"고 했다. 오 전 시장에게는 "이 친구, 일 잘하니까 눈여겨봐 달라" 같은 말도 했다. 그렇게 시장과 공보실 직원이 한바탕 허허 웃는 시간을 보냈다.

공보실 9급 공무원에게 기자는 다소 어려울 수 있다. 시장은 더 까마득한 존재다. 이런 관계에서 나는 일선 공무원이 시장과 대면해 웃으며 얘기할 수 있는 자리를 마련함으로써 '여러분을 굉장히 존중하고 있어요'라는 메시지를 전했다. 그렇게 나는 하위 직급이든 고위 직급이든 구분 없이 대했고, 이런 일들을 계기로 사람들은 자연스럽게 나를 '간사감'이라고 생각해주었다(물론 간사감 하고 싶어 상대를 존중한 건 아니었다).

내가 존경하는 인물인 김동연 아주대학교 총장에 대한 얘기를 해보겠다. 충북 음성 출신인 그는 열한 살 때 아버지가 심장마비로 별세했다. 가족은 청계천의 무허가 판자촌으로 들어가서 천막을 치고 살았고, 그는 열일곱 살 때부터 가족의 생계를 꾸려나가야 했다. 그는 돈을 벌기 위해 낮에는 은행에 다니고,

밤에는 국제대학교에 다녔다. 그렇게 잠을 설치며 공부하여 행정고시에 합격했다. 부지런한 그는 공무원이 되고 나서도 승승장구했다. 학력이나 가난 등의 모든 악조건을 실력으로 이겨냈다. 경제기획원, 기획예산처 등을 거쳐 고(故) 김대중 전 대통령의 전윤철 비서실장 보좌관으로 들어갔다. 이후 그는 노무현, 이명박, 박근혜 정부에서 계속 요직을 맡아 일했다. 박근혜 정부에서 장관직 등에 제의를 받았지만 국무조정실장을 마지막으로 공직을 사퇴하고 아주대 총장이 되었다. 오래전부터 교육에 뜻을 품고 있었기 때문이다.

김동연 총장에 대해 길게 설명한 건 그가 상대를 높이는 겸손함을 잘 보여주어서다. 어려운 환경에서 자라 성공했다 해도 남을 업신여기는 사람이 많다. 자신만 잘났다고 생각하고 남들은 능력도 노력도 부족하다고 여겨 깎아내리기도 한다. 그런데 김 총장은 반대다. 고위 공무원을 거치고 권력에도 가까웠지만 다른 사람을 존경할 줄 안다. 그가 아주대 총장에 취임할 때 축사를 초등학교 은사가 했다. 대개는 자신의 인맥을 자랑하기 위해 힘 있고 인기 있는 사람을 모시지 않는가. 그러나 그는 남들의 시선은 아랑곳하지 않고 평소 존경하던 (하지만 지금은 그저 인자한 노인에 불과한) 분을 모셨다. '상대를 높이는 겸손'이란 이런 것이다.

상대를 높일 줄 아는 사람은 고지식하지 않다. 어릴 때 크게 고생한 사람은 외골수인 경우가 많지만 김 총장은 그렇지 않다. 총장 취임 이후에 한 일들을 봐도 그렇다. 외부 펀드를 만들어 고학생을 미국 명문대에 연수 보내고, 학생 스스로 과목을 만들어 학점을 이수하는 제도도 만들었다.

김 총장은 '꿈은 명사가 아니라 동사'라고 학생들에게 말한다. 꿈이란 직업 따위가 아니라 '내가 하고 싶은 일'이라는 것이다. 그는 꿈을 꾸며 총장직에 임하고 있다. 아버지의 묘를 이장하며 "아버지, 저 이만하면 잘 살았죠? 칭찬해주세요"라고 유골에 대고 이야기했다는 글을 읽고 나는 가슴이 뜨거워졌다. 나이가 들어도 순수한 열정을 품고 살 수 있는 건 솔직하고 상대를 존중할 줄 아는 그의 품성에서 나오는 것이다.

우리는 '겸손'이라는 단어를 잘못 쓰고 있다. 진정한 겸손은 자신을 낮추는 것이 아니다. 상대방을 높여주는 거다. 그래야 나도 올라간다. 그렇게 모두의 눈높이를 상향 평준화해서 맞추는 거다. 기자실 대왕마마 선배, 고위 공직자, 시장 앞에서만 겸손을 떨면 내가 겸손한 건가? 사람들이 나보고 겸손하다고 생각할까? 아니면 공무원들한테 제대로 말도 못하고 굽신굽신한다고 "박종진은 참 겸손해"라고 평가할까? 글쎄, 아닐 것이다.

사극이건 현대물이건 드라마에 간신들이 등장하곤 한다. TV 속에만 있는 게 아니다. 역사에도 이런 인물들이 있었다. 조선 시대 사도세자가 죽을 때도 영조 옆에는 아들을 죽이라고 부추기는 간신들이 존재했다. 요즘도 마찬가지다. 기업에도 있고 정치판에도 있다. 권력자에게 들러붙어 몸을 낮추고 굽실거린다.

이런 간신들에겐 공통점이 있다. 하나같이 지나치게 자신을 낮춘다는 것. 굴욕스러울 만큼. 그럴 수밖에 없는 게, 정작 본인에겐 능력이 없기 때문이다. 대신 능력 있는 사람을 잘 부려먹으면서 그 공을 자신에게 돌린다. 반면 일 잘하는 충신들은 실제로 '능력자'들이므로 일에 집중한다. 맡은 일이 많으니 리더 옆자리로 파고들어가기는커녕 다가설 시간도 여유도 없다. 또 굽신댈 필요가 없기에 아예 꼬리 흔들 생각을 하지 않는다.

또 간신들은 특유의 화법이 있다. 리더가 누군가를 칭찬한다고 치자. 그럴 때 동조하는 듯하다가 "김 차장이 일 잘하는 건 맞는데 사실은 예의가 없다"라고 한다. 남을 깎아내려야 자신도 비벼볼 언덕이 생긴다. 충신들은 다르다. 남 평가에 인색하지 않다. "김 차장이 예 없단 얘기가 있는진 몰라도 일 하나는 끝내준다"라고 말한다. 어순만 바뀌었는데 의미는 완전히 다르다.

벼는 익을수록 고개를 숙인다며 겸손을 강조하는 옛말이 있다. 그러나 벼가 익는다는 것은 고개를 숙이기 위한 충분조건이지 필요조건은 아니다. 익지 않은 벼도 비바람, 동물 등의 외부 힘에 의해 푹 꺾이면서 고개를 숙이기도 한다. 익지 않았음에도 고개 숙이는 벼, 본심과 진심이 아닌데도 자신을 지나치게 낮추는 사람들, 이러한 자들이 겸손이란 이름에 간사한 마음을 감춘 간신들이다. 자신을 낮추기에 급급한 간신들의 말로가 좋았다는 얘기는 들어보지 못했다. 자신을 낮추는 겸손은 독이 될 수 있다. 정도가 지나치면 더 그렇다.

남을 높이기 위해 나를 깎아내리는 것은 굴욕적이다. 겸손하고 싶다면 나를 낮추지 말자. 진정한 의미의 겸손은 '낮춤'이 아니다. 상대방의 능력을 인정하고 찬사를 보낼 수 있는 '높임'이다.

상대를 높여야 좋다는 건 알겠는데 어떻게 해야 하는지 난감한가? 좋은 방법이 있다. 상대가 스스로를 자랑할 기회를 주는 것이다.

나는 여러 모임에 참석하고 있다. 그중 오래된 한 모임에서는 만날 때마다 5분간 특별한 시간을 갖는다. 각자 자신의 장점이나 특기, 능력에 대해 얘기하는 시간이다. 일종의 자기 자랑이다.

"저는 초중고 12년을 개근했고, 12년 동안 매년 우등상을 받았어요."

내가 했던 잘난 체다. 이런 얘기를 하는 거다. 누가 보면 웬 자랑질이냐고도 할 거고, 그게 무슨 자랑거리냐고도 할 것이다. 그저 내 기준에 꽤 학교를 열심히 다녔다고 너스레 떨어보는 거다. 소재는 뭐든지 될 수 있다. 잘 웃는다, 쉽게 화를 내지 않는다, 화끈하다 등과 같은 것부터 승진을 남보다 먼저 했다, 얼마 전 고급 세단으로 자동차를 바꿨다 등의 구체적인 사례도 좋다. 심지어 비록 차를 바꾸지는 못했더라도, 새 차를 갖기 위해 어떤 노력을 하고 있는지 자신의 노고를 치하하면 된다.

유치할 수 있지만, 이렇게 별거 아닌 얘기로 스스로를 슬쩍 띄우면 다른 사람들도 슬슬 자기 얘기를 하기 시작한다. 소소한 자랑과 장기가 나오면 진심 어린 박수로 그 장점을 인정해준다. 또 응원해주고 격려한다. 이게 핵심이다. 모두가 즐겁고 아무도 굽실대지 않는다. 나도 높아지고 다른 사람도 올라간다. 자긍심이 고취된다. 모임이 끝날 무렵 모두 행복한 얼굴이 된다. 그리고 서로는 서로에게 '예의 바르고 겸손한' 사람이란 느낌을 받는다.

겸손해 보이기 위해 굽실거릴 시간에 자랑할 기회를 찾는 편이 낫다. 또한 상대 자랑거리도 함께 찾는다. 이제 서로서로 장점을 찾아보자. 그리고 말하자. 나는 대한민국이 솔직한 사회가 됐으면 한다. 능력을 가진 이가 조금쯤 잘난 척할 수 있는 사회, 그들의 능력에 기꺼이 박수를 보낼 수 있는 칭찬에 인색하지 않은 사회가 됐으면 좋겠다. 그것이 내가 생각하는 겸손이다.

사실 나는 겸손하자는 얘기를 별로 좋아하지 않는다. 겸손에 대해 사람들이 나와 다르게 받아들여서다. 상대를 존중하지 않고 자신만 낮추려 하는 그런 잘못된 겸손은 위선이다. 겉으로만 그런 체하는 것이다. 굽신굽신하면서 본심은 상대를 깔보거나 욕할 수 있다. 그래서 내가 좋아하는 사람에 대해 '참 겸손한 분'이란 말도 잘 쓰지 않는다. 듣는 사람이 혹시 위선에 가까운 겸손을 떠올릴까 싶어서다. 사람들 마음속에서 '위선자의 겸손'이 없어지기 전까지 난 겸손이란 말을 입에 잘 올리지 않을 것 같다.

상대를 높이는 대화법을
구체적으로 알려주세요.

상대방을 높이려면 상대를 알아야 해요. 그래야 눈높이를 맞추고 또 높일 수도 있어요. 저는 사람을 만나기 전에 항상 상대방에 대해 최대한 알려고 노력해요. 기본적인 인적사항에서부터 졸업기수가 몇 회인지, 동기에 누가 있는지도 파악하려 하죠. 저서가 있다면 무조건 읽어보고 만납니다. 전체를 다 읽기 어려우면 큰 제목이라도 봐요. 상대방에게 선한 호기심이 있다는 사실을 드러내는 거예요.

그렇게 상대에 관심을 드러내면 굉장히 반가워합니다. "어떻게 아셨어요?" 하면서 대화의 물꼬가 트이는 거죠. 거기에 제 얘기도 덧붙이고요. 사전 조사를 통해 상대를 칭찬할 것을 찾고, 그것을 띄워주면 그게 겸손한 대화법입니다. "경력이 다양해서 앞으로 하실 일도 기대돼요", "책 내용이 획기적이던데요?" 등처럼 하면 좋겠죠. 아부란 얘기가 아닙니다. 누구든 칭찬해줄 구석이 있고, 매력 포인트가 있는 법이에요. 옷차림이나 말투 같은 것도 칭찬거리가 될 수 있죠.

그리고 관심을 표현하다 보면 학연·지연·혈연 얘기가 나올 수밖에 없는데, 이런 걸 구태의연한 대화법이라고 생각할 필요는 없어요. '연'을 통해 부당하게 사익을 얻으려고 하면 그건 안 되죠. 하지만 학연·지연·혈연 얘기를 할 정도로 상대에게 관심과 호감을 보이는 건 서로 가까워지는 데 상당히 효과가 있어요.

그렇게 말문을 트고 나서 서서히 좀 더 깊은 대화로 들어가면 됩니다. 다 아는 뻔한 얘기, 날씨나 뉴스에 주구장창 나온 식상한 소식보다는 서로에 대한 것이 더 나아요. 특히 당신에게 관심이 많고, 당신을 더 알고 싶다는 태도를 갖추고 난 이런 사람이다라고 드러내는 순간, 사람과 사람 사이의 벽이 허물어질 겁니다.

침묵은
반항이다

침묵은 경멸을 나타내는 가장 완벽한 표현이다.
- 조지 버나드 쇼

말하지 않으면 모른다 ●

난 '크렘린' 같은 사람을 싫어한다. 크렘린은 중세 러시아의 성城이다. 속을 들여다보기 힘들다. 크렘린형型은 말수가 적을뿐더러 어간해서 입을 열지 않는다. 속내를 드러내지 않는다. 남의 얘기를 듣기만 하고 상대 관찰하기를 좋아한다. 자기주장은 않고 듣기만 한다. 이런 유형은 인간관계를 잘 맺을 수 없다. 난 말을 지나치게 아끼는 사람들과 만날 시간이 없다. 그 속을 알기 위해 얼마나 시간을 투자해야 될까. 솔직히 나중에 이런 사람의 속을 알게 되어도 별게 없다. 멋진 뜻을 품은 중후하고 기품 있는 사람 행세를 하지만 알맹이 없는 경우가 많다.

사회생활을 하다 보면 유독 말이 없는 사람들이 있다. 한 후배가 그랬다. 같이 밥 먹고, 술도 자주 마신 사이다. 그 후배는 항상 듣기만 했다. 의사표현이 거의 없었다. 출입처 이야기를 할 때도 과묵했고, 가벼운 농담을 해도 받아친 적이 없었다. 단둘이 있는 자리에서도 마찬가지였다. 도통 속을 알기 어려웠다. 간간이 의견을 말해주면 내 말이 제대로 전달됐는지 아닌지 알 수 있었을 텐데 반응이 없어 답답할 때가 많았다.

답답하기만 하면 다행이지, 가만히 듣고 있다가 꼭 나중에 뒷북을 쳤다. 특히 술자리에서 나온 얘기들을 뒤늦게 문제 삼곤 했다. 사실 술 마실 땐 긴장이 풀리면서 감성적이 되기도 하고 직설적인 말이 튀어나오기도 한다. 가벼운 얘기를 할 수도 있고. 다들 그렇지 않은가. 그런데 이 같은 상황에서 나온 얘기를 기억했다가 꼭 나중에 앞뒤 자르고 왜곡해 다른 사람에게 전달했다. 그렇게 곤란한 상황을 만들었다. 이를테면 이런 식이었다. "선배가 지난달 총무로 술집에서 그렇게 얘기했잖아요. 그건 좀 아닌 거 같은데 말이죠." 내가 술 먹고 한 말이 실언이네 어쨌네, 하면서 마치 녹취를 해놓은 듯 생생하게 풀어내곤

했다. 그건 '뒤끝' 그 이상이었다. 공격에 가까웠다.

　이런 사람들은 해롭다. 자신들이 실수하지 않기 위해 절대 입을 열지 않고, 상대방의 실수는 녹음하듯 기억한다. 이견이 있을 때는 바로 의사표현을 하라. 불만이 있으면 당장 감정을 풀어라. 그래야 오해와 감정의 굴곡이 깊어지지 않는다. 그 후배는 자신의 속이 들여다보이지 않도록 짙은 선팅을 한 것과 다름없었다. 속에서는 밖을 다 보고 있으면서 말이다. 문제 삼고 싶었으면 그 자리에서 얘기해야 했다. 말할 기회를 안 준 것도 아니었다. 나는 선팅을 벗기고 안을 볼 시간과 여유가 없다. 난 그와 더 깊은 인연 맺기를 포기했다.

소통의 황금비율

　침묵은 금이다라는 속담은 틀렸다. 지나친 침묵은 반항이다. 소통은 말하기·듣기가 '5 대 5'여야 한다. 혹자는 말한다. 소통은 곧 듣는 거라고. 듣기 위해선 우선 입을 닫고 귀를 열어야 한다고. 경청이 가장 중요하다고. 그러나 나는 5 대 5라고 생각한다. 상대방으로부터 들은 만큼 나도 말해야 한다. 내가 말했으면 상대도 그만큼 이야기를 해야 한다. 또 상대가 얘기하도록 이끌어낼 수 있어야 한다. 침묵하면, 말은 안 하고 듣기만 하면, 한쪽의 속내를 알 수 없기에 소통이 불가능하다. 소통은 일방적인 경청으론 안 된다. 주고받는 거다.

물론 침묵하게 되는 가장 주된 이유는 상대가 들을 준비가 안 돼 있기 때문이긴 하다. 한국에서 직장 상사와 부하 직원 사이의 커뮤니케이션은 '톱다운(top-down)' 방식이 대부분이다. 회의를 해도 상급자만 떠들고 나머진 불만이 있어도 입을 꾹 닫는다.

미국 실리콘밸리의 유명 IT업체에서 일하는 한국인 임원이 강연에서 한 얘기다. 회사에 미팅이 정말 많은데 한국과 분위기가 너무 다르다는 것이다. 대표가 하는 얘기에 시시콜콜 지적을 해도 아무런 문제가 되지 않는다. 그런 분위기에 익숙하다는 거다. 그는 "회의 때 최악의 팀원은 틀린 말을 하는 사람이 아니라 말을 안 하는 사람"이라고 했다. 듣기만 해서는 커뮤니케이션이 되지 않아서다.

정치권에서도 마찬가지다. 장관이건, 청와대 비서관이건, 여당 의원이건 대통령이 하는 말을 받아 적기 바쁘지, 자기 의견을 소신 있게 밝히고 토론하는 일이 없다. 대통령이 들을 자세가 안 돼 있다고 판단해 괜한 손해 입지 않으려고 조용히 있는 것이다. 이게 무슨 소통이고, 커뮤니케이션인가. 어쩌면 생각하기를 아예 포기한 것일지도 모른다. 들으려 하지 않는 대통령에게 우선적인 문제가 있는 것은 맞다. 그렇다고 대통령을 보좌하는 사람들의 책임이 사라지는 것은 아니다. 대통령 바로 옆에 있는 사람들까지 잘못된 상황을 보고도 아무 소리 안 하고 있었다면 그 침묵은 국가를 망하게 하는 핵폭탄이나 다름없다. 반성하고 책임져야 마땅하다.

윗사람 탓만 하고 있는 건 떳떳하지 못하다. 하고 싶은 말이 있는데, 의견이 다른데, 질문이 있는데도 입 꾹 닫고 있다가 나중에 딴소리하는 건 비겁하다. 수긍하지 않는데 아무 말도 안 했다가 나중에 문제가 생기면 "거봐, 하란 대로 하니까 이렇게 되잖아"라고 하는 건 반항에 가깝다. '찍힐까봐', '잘릴까봐', '분위기 깰까봐' 이런 변명을 늘어놓고 싶을 거다. 하지만 해봤나? 지레 겁먹고, 귀찮고, 소통의 의지도 없어서 그런 거 아닌가? 학창 시절 토론식 교육을 못 받아본 탓도 있겠지만 그렇다고 '난 안 해봐서 못해'라며 팔짱 끼고 있는 건 책임 있는 자세가 아니다.

침묵은 금이 아니다. 독이다. 침묵은 수긍이 아니다. 반항이다. 진정한 소통을 원한다면 '5 대 5'를 기억하라.

말수가 많고 적음은
사람 성향에 따라 다른 거 아닌가요?
말 적은 사람을 너무
몰아세우는 것 같네요.

제가 '말하지 않는 사람'이라고 규정하는 건 단순히 말수 적은 사람을 얘기하는 게 아니에요. 의도적인 침묵을 말하는 겁니다. 원래 성격이 내성적이라 말이 적은 사람은 여기에 해당하지 않지요. 오히려 내성적이라 말수 적은 사람은 진실해 보이죠. 사실은 말하는 걸 즐기는 사람인데도 자신을 드러내기 싫어서, 남을 관찰하기 위해 일부러 침묵하는 사람이 있거든요. 그런 경우를 얘기하는 겁니다.

원래 말수가 적은 사람인지, 속내를 숨기려고 말을 아끼는 사람인지는 몇 마디 나누다 보면 단번에 드러납니다. 말수가 적은 신중한 사람은 질문을 받으면 자신의 생각을 정확히 밝힙니다. 짧고 단호히 얘기하는 사람이 많아요. 이런 사람들과는 대화 나누기도 편하고 가까워지기도 오히려 쉽습니다. 반대로 일부러 침묵하는 부류는 남의 눈치를 살피는 게 보여요. 눈동자를 굴리며 여기저기 탐색하고, 묻는 말에도 시원한 답변을 하지 않거나 아예 답을 안 하기도 하죠. 이런 사람들과는 영혼의 교류가 불가능합니다.

그래서 후배들에게도 질문에 제대로 답도 안 하면서 말 없는 사람 너무 좋아하지 말라고 당부하곤 해요. 그렇게 대화를 피하는 사람과 만나서 결혼생활 내내 피곤해하는 경우도 많이 봤거든요. 예전에 여자 후배가 남자는 과묵한 것도 매력이라고 생각하기에 더 힘주어 말해줬습니다. "나중에 뒤통수 맞을 수 있다"고요.

5

제대로 들어야
마음을 얻는다

공심위상 이청득심(攻心爲上 以聽得心).
사람의 마음을 얻기 위해서는 먼저 그의 마음을 열라.
그 마음을 열기 위해서는 애써 듣고 공감해야 한다.

대본이 아니라 진심을 보는 앵커

나는 유난히 타인의 말을 집중해서 듣는다. 상대방의 말을
하나도 놓치지 않고 머릿속에 담아둔다. 내가 진행한 「박종진
의 쾌도난마」나 「박종진 라이브쇼」 같은 토크 프로그램에서는
내가 상대방의 이야기에 집중하고 있는 모습이 자주 포착되곤
했다. 이는 결코 설정이 아니다. 나는 정말 상대방의 얘기를 경
청한다.

보통 앵커들은 방송에서 상대방이 얘기를 하는 도중에 다음 질문거리를 생각한다. 듣는 시늉을 하고 있을 뿐이다. 그래야 매끄러운 진행이 가능하기 때문이다. 그런데 나는 다르다. 이를테면 '리액션숏reaction shot'이라는 것이 따로 있다. PD가 이어폰을 통해 앵커에게 외친다. 그러면 앵커는 끄덕이는 시늉을 한다. 경청하는 시늉을 하면 그 모습이 방송을 탄다.

나는 리액션숏이 필요 없다. 진짜 경청하고 있어서다. 대본에 있는 다음 질문을 생각하기보다, 그 사람의 이야기에 완벽히 집중한다. 다음 질문이 대본과 다를 수밖에 없는 이유다. 상대방이 하는 이야기에 따라 다음 질문이 달라진다. 질문이 꼬리에 꼬리를 물다 보니 '진짜 궁금한 것'을 찾아낼 수 있다. 내가 궁금한 건 시청자도 궁금할 것이고, 그러다 보니 시청자들의 궁금증과도 궤를 같이한다. 시청자들의 몰입도가 자연히 높아진다. 방송도 살아 숨 쉰다. 그럴 때 신이 난다. 질문자가 신나야 방송이 재밌다.

대본대로만 하다 보면 시청자들의 궁금증과 달리 가는 경우가 있다. 생생함이 떨어질 수 있다는 소리다. 가끔 상대방이 형식적인 얘기만 늘어놓기도 한다. 그럴 땐 나는 "핵심을 얘기하세요"라고 대본에 없는 돌직구를 날리기도 한다. 「박종진의 쾌도난마」에서 박지원 의원에게 "진짜 눈이냐, 가짜 눈이냐"라고 물은 것도 애드리브였다. 대본대로 간다면 그런 질문은 나올 수가 없었다. 솔직히 다들 그게 궁금하지 않았나.

이렇게 하니 제작진과 패널은 긴장할 수밖에 없다. 대본 그대로 진행되지 않기도 하고, 준비한 자막이 상황과 안 맞기도 해서다. 이 때문에 제작진으로부터 "대본 좀 보고 하세요"라는 말도 듣는다. 스태프들은 아마 숨 막히는 긴장의 연속일 것이다.

물론 이런 진행 스타일이 무조건 옳다는 게 아니다. 방송인이고 기자이자 앵커다 보니 다른 진행자들의 모습을 모니터링하게 된다. 누군가는 정말 존경스러울 만큼 매끄럽고 훌륭한 진행을 한다. 또 어떤 이는 한눈에도 주어진 대본 안에서 크게 벗어나지 않는 안전한 진행을 한다. 어느 경우건 장단점이 있다. 나처럼 대본보다 상황을 중요시하여 애드리브를 하는 진행자는 스태프들을 긴장시키곤 하지만, 사고가 생기지 않는 이상 훨씬 알찬 프로그램을 만들 수 있다고 생각한다. 그리고 무엇보다 시청자들이 몰입하게 된다.

사람들은 방송 프로그램 진행자가 되려면 말을 잘해야 한다고 생각한다. 하지만 그것이 전부가 아니다. 뛰어난 진행자는 패널의 이야기가 아무리 재미없어도 시청자가 재미있다고 느낄 수 있도록 분위기를 리드한다. 어떻게 가능할까? 바로 리액션이다. 듣고 반응하며, 재미가 없다면 애드리브로 살려낸다. 그리고 자신이 하는 말보다 스튜디오에 함께 선 패널들의 이야기가 살아날 수 있도록 받쳐주는 역할을 한다. 그것이 명진행자의 본모습이다.

유재석 씨가 그렇다. 그는 풍부한 리액션과 웃음, 추임새를 한다. 잠시도 멀뚱히 서 있는 모습을 본 적이 없다. 게다가 타인을 배려하는 바른 인품과 선행으로 뭇사람들의 존경을 받는다. 진행할 때도 앞에 나서서 홀로 돋보이기보다 늘 누군가의 한 발 뒤에서 자신의 역할에 충실한 것을 볼 수 있는데, 이렇게 함으로써 오히려 그가 더 중요해진다. 진행자는 주인공이 아니라 말 그대로 진행을 맡은 사람이다. 그는 그걸 잘 알고 있다.

마음을 얻는 경청의 기술

앞서 말했듯, 침묵이 흉기가 될 수 있는 것은 공감은커녕 '차라리 말을 말자'는 반항의 의미가 감춰진 경우가 많아서다. 상대의 말을 듣고 공감한다면 침묵할 수 없다. 어떤 식으로건 공감한다는 행동을 취하기 마련이다. 공감하지 않더라도 사람에게는 표정이 있어 의사가 겉으로 드러나고, 표현을 하기 위해

질문하거나 반대 의견을 내놓게 된다. 그러니 어떤 경우건 침묵으로 일관하는 것은 교묘한 반항이다. 그리고 제대로 듣지 않았다는 반증이기도 하다.

반대로 수다스러운 사람이 있다. 단순히 말하는 양이 많다고 수다스럽게 느껴지지는 않는다. 그들에겐 공통점이 있다. 바로 자기 얘기만 한다는 것. 이런 사람은 상대방이 하는 이야기를 건성으로 들으며 마음속으로 자신이 할 말을 준비하곤 한다. 귀로 듣고 있을 뿐, 마음과 머리는 다른 곳에 있다. 제대로 알아들을 리가 없다. 결국 상대의 이야기가 끝나면 기다렸다는 듯이 자신의 의견을 쏟아내거나, 다른 화제를 꺼내 분위기를 깨버린다. 대화는 주고받는 것이다. 그러려면 먼저 잘 들어야 한다. 듣고 끝나는 게 아니다. 공감해야 한다. 아니면 부정 반응이라도 보여야 한다. 그다음에 내 얘기를 시작하면 좋다. 이 때문에 경청傾聽의 기술이 중요하다.

누군가와 대화를 나눌 때 경청하라는 것은 그저 '듣는 것'만을 말하는 것이 아니다. 잘 들어야 하고 잘 공감해야 하며 그리하여 마음을 얻게 되는 기술이다. 바로 이때 필요한 것이 리액션이다. 웃어주거나, 어깨를 으쓱해 보이거나 혹은 "아하!" 하고 추임새를 넣거나 하는 행동들 말이다.

다음의 행동들은 상대에게 잘 듣고 있음을 보이는 신호다.

꼭 해보라. 대화의 질이 나아지고, 상대가 나를 바라보는 눈빛이 달라진다.

첫째, 끄덕여라.

대화하고 있는데 듣고 있어야 할 상대방이 아무런 반응이 없다면 정말 기운 빠진다. 진지하게 들어주고 있다는 것을 알게 해라. 상대방이 당신을 신뢰하고 좀 더 속 깊은 얘기를 하게 된다.

둘째, 크게 웃어라.

재미없는데 억지로 웃으라는 뜻이 아니다. 웃어야 할 때 망설이지 말고 크게 웃으라는 이야기다. 감정 표현은 확실한 것이 좋다. 정말 즐거워 짓는 웃음이라면 그 공간이 떠나가라 박장대소해도 된다. 방송 중 터지는 내 "하하하" 하는 웃음소리는 어느새 트레이드마크가 되기도 했다.

셋째, 추임새를 곁들여라.

이야기를 들으며 얼굴에 표정을 드러내어 공감을 표시하는 것 외에 간간이 추임새를 곁들이면 훨씬 좋다. 추임새는 '당신의 이야기가 재미있어 집중해서 듣고 있다'는 표현이다. 상대방이 이야기하는 동안 중요한 대목에서 "정말요?", "그래서요?"라거나 "우아!" 등의 적절한 응대어를 사용하는 것이 좋다. 다만 아무데서나 추임새를 넣으면 곤란하다. 화제를 가리는 것이 좋다. 상대가 제3자를 비방하는 얘기를 하고 있다면 추임새를 자제하는 것이 좋다.

넷째, 눈을 바라보라.

대화할 때는 상대방의 눈을 바라보는 것이 좋다. 시선이 여기저기 돌아다니면 아무리 끄덕이고 웃고 있어도 경청하는 것처럼 보이지 않는다. 시선을 마주하고 앞서 말한 경청의 자세를 곁들인다.

다섯째, 끝까지 들어라.

상대 이야기를 끊지 마라. 주제를 바꾸고 싶거나, 꼭 바꿔야 하는 상황이라도 적절히 마무리될 때까지 기다려라. 그런 다음에 화제를 바꿔야 한다. 방송 진행자처럼 하자. 진행자는 질문을 던지고 대답을 들었다고 곧장 화제를 바꾸지 않는다. 들은 이야기에 적절한 공감과 리액션 등의 반응을 보여 잘 경청했음을 상대에게 전달한다. 그런 다음 자연스럽게 다른 화제로 넘어간다. 이것이 인정받는 진행자의 기술이고, 경청의 바람직한 자세다.

누군가 나의 이야기를 잘 들어주고 공감해주면 자연히 마음이 열린다. 더구나 첫 만남에서부터 내 말에 귀를 기울여주는 사람이라면 어떻게 반하지 않을 수 있을까. 마찬가지로 내가 상대방에게 고급스러운 경청의 기술을 구사한다는 것은 내게 첫눈에 반하게 하는 것과 같다.

첫인상은 쉽게 바뀌지 않는다. 누구나 첫인상이 중요하다는 것을 알고 있다. 첫 만남을 위한 조언도 다양하다. 옷 입는 법, 명함 건네는 법, 악수하는 법, 첫마디 건네는 법, 심지어 첫인상 좋게 하는 향수 뿌리는 법까지. 하지만 정작 사람들은 눈에 보이는 겉모습이 아닌, 마음으로 전해지는 상대방의 인품과 진심 어린 배려에 반한다.

마음을 얻는 이가 성공한다. 또한 마음을 연 사람이 타인의 마음을 얻는다. 진심으로 귀 기울여 이야기를 들어주는 자세와 소통하는 자세가 그 시작이다. '이 사람은 내가 하는 모든 말을 들어주고 이해하며 공감해주는구나'라는 느낌을 전하도록 한다. 느낌뿐 아니라 실제 그래야 한다. 눈빛을 마주치고, 때때로 환호하며 크게 웃어주고, 함께 분노해주는 이에게 마음을 빼앗기지 않을 이는 없다. 이것이 내가 지금까지 살아오며 타인을 대할 때 잊지 않으려 노력하는 경청의 기술이다. 마음을 열고 귀 기울이면 상대방도 내게 마음을 열어준다.

앞서 소통을 위해선 듣기·말하기의 비율이 적절해야 한다고
했다. 정리하면, 경청은 소통의 시작이다. 경청이 없으면 소통
은 출발조차 할 수 없다. 그리고 목적지로 가기 위해선 자신의
목소리를 들려줘야 한다. 그래야 소통이 완성된다.

▌일단 저는 관심사가 다양하기도 하고, 호기심이 많아요. 또 매
▌사에 관심을 갖고 몰랐던 점을 알아가는 걸 즐기는 편이에요.
▌정치, 경제, 사회는 물론, 스포츠, 예술 등 무슨 주제가 나와도
항상 재밌게 들어요. 특히 사람 얘기를 좋아하고요. 어느 분야건
결국 사람 얘기는 빠지지 않지요. 기본적으로 모르는 분야에 호
기심이 있어요. 항상 배우려고 하고요. 매일같이 신문을 종류별
로 다 보는 것도 그래서죠.

사람 사귀는 데는 저와 같은 자세가 도움이 된다고 봐요. 관심사
를 다양하게 가지면서 사람 얘기에 호기심을 보이면 할 얘기가

많아지죠.

하지만 정말 관심 없는 주제로 대화가 진행될 수도 있겠죠. 그럴 때 일부러 공감하는 척하다 보면 괜히 어색해질 수 있어요. 뭐든 억지로 하려는 건 상대방이 기가 막히게 눈치 챕니다. 일단 관심사가 아니어도 눈을 마주하고 들어주세요. 가능한 한 끝까지요. '눈 마주치기'는 경청의 기본입니다. 지겨움이 극에 달해 너무 힘들면 그때 부드럽게 화제를 돌리는 게 어떨까 싶어요.

여기서는 기술이 좀 필요한데요, 예를 들어 같이 밥을 먹는 중이라면 "어? 왼손잡이시네요. 나도 왼손잡이인데" 하는 식이죠. 사실은 얘기가 너무 지루해서 말을 돌리는 건데 이렇게 하면 기분이 덜 나빠요. 상대방에게 관심 있다는 걸 드러내면서 나와 공감대 형성까지 되는 말이거든요. 칭찬을 하면서 화제를 돌리는 방법도 있죠. "근데 아까부터 생각한 건데 패션 감각이 정말 뛰어나세요" 같은 이야기로요. 어느 정도 속내를 드러내놓을 정도가 됐다면 솔직히 얘기하는 게 나을 수 있습니다. "사실 그 주제는 제가 잘 몰라서 따라가기가 쉽지 않네요"라는 식으로요.

6

역린은
건드리지 마라

내가 원하지 않는 바를 남에게 하지 마라.
- 공자

나는 콤플렉스가 많다. 예전에 가졌던 콤플렉스 중 하나는 서울대학교에 진학하지 못한 것이었다. 웬 자랑질이냐고 타박할지 모르겠지만, 초등학교부터 고등학교 때까지 성적이 우수했던 나는 당연히 서울대에 진학할 줄 알았다. 선생님들이나 친구들도 모두 내가 서울대에 진학하는 걸 당연하게 여겼다. 서울대 어떤 과를 갈지 고민했지 다른 대학교는 아예 마음에 두지 않았다. 심지어 중·고등학교 때 서울대 교정에 갔다가 '앞으로 내가 다닐 학교니 미리 잘 알아두자'며 건물 위치를 익힌 적도 있었다. 그런데 학력고사를 치르는 날 무엇에 씌었는지 어처구니없는 실수를 많이 해버렸다(점심을 너무 많이 먹고 오후에 졸음이 몰려와 영어시험을 완전히 망쳤다). 당시 성적으로는 서울대의 커트라인이 낮은 학과와 고려대, 연세대의 인기학과 중에서 고를 수밖에 없었다.

영어를 별로 좋아하지 않던 내가 영문학과를 가게 된 건 누나의 조언 때문이다. 원래 역사를 좋아해 사학과에 진학할까 했는데, 누나의 말대로 졸업해서 뭔가 써먹을 수 있는 과에 가야만 했다. 아버지가 일찍 돌아가시는 바람에 오랜 세월 고생하신 어머니에게 빨리 도움을 드리는 것이 온당하다고 생각했다. 당시 내 상황에서는 그게 최선이라고 봤다.

서울대에 가지 못한 것은 다른 누구의 탓이 아닌 나의 불찰이지만 그래도 마음에 쉬 지워지지 않는 생채기로 남았다. 금의환향하듯 어머니에게 보상을 주고 싶기도 했거니와, 당연하게 여겼는데 진학하지 못하니 속이 더 쓰렸다. 이후로 서울대 출신을 만나면 부럽기도 하고 질투도 났다. 나도 모르게 주눅이 들고 위축되기도 했다. 특히, 당시 우리 집이 서울대 옆 봉천동이어서 '눈앞에 대학교를 두고 먼 안암동까지 가야 하나'란 생각이 들어 창피하기도 했다. 결국 나는 고려대 앞에서 자취를 했다.

또 다른 콤플렉스는 '아버지의 부재'였다. 중학교 때 아버지가 돌아가셨는데도 나는 '아버지 없는 자식'이라는 소리가 듣기 싫어 마치 아버지가 살아 계시는 양 행동하기도 했다. 친구들에게도 아버지가 돌아가셨다는 이야기를 전혀 하지 않았고 고등학교 학적부에도 아버지의 이름을 적었다.

생계를 책임지던 아버지가 없으니 집안 형편도 말이 아니었고, 한 푼이 아쉬웠지만 주눅 들기 싫었다. 늘 당당해 보이고 싶었다. 하지만 나는 중학교 때부터 돈을 벌어야만 했다. 공부할 시간을 줄이고 싶진 않아서 새벽 신문배달이나 하교 후 아르바이트는 하지 않았다. 그래서 차선책으로 학교 매점에서 일했는데, 매점은 점심시간이 가장 바쁘니 3교시나 5교시가 끝나고 5분 만에 끼니를 해결해야 했다. 그때부터 밥을 빨리 먹는 게 습관이 돼 지금도 다른 사람이 밥을 반쯤 먹고 있을 때 나는 다 먹어치운다.

다행히 매점에서 일하는 나를 놀리는 아이들은 없었다. 용산중학교 급우들의 심성이 착했던 것 같다. 내가 공부도 잘하고 임원도 했으니까 우습게 보지 않은 측면도 있었을 것이다.

만약 내 처지를 놀리는 친구들이 있었으면 견디기 힘들었을 거다. '아버지의 부재', '경제적 궁핍함'에 대해 더 심한 콤플렉스를 느꼈을 거다. 그랬다면 그 상처가 쉽게 치유되지 않았을 텐데 다행이었다.

콤플렉스는 지금도 여전히 많다. 나는 노래를 잘하지 못한다. 방송에선 노래하는 프로그램이 계속 인기를 끌고, 초등학생들에게 대통령보다 인기 있는 직업이 가수인 세상이니 노래 못하는 건 이만저만한 스트레스가 아니다. 노래를 시키면 나는 손사래를 친다. 모르는 사람들은 으레 하는 한두 번의 거절인 줄 알고 강권하지만, 내가 노래를 부른 지 10초만 지나도 후회하는 표정이 역력하다. 나도 내 노래를 견디며 억지로 박수치는 사람들의 표정을 보는 게 괴롭다. 음치에 박치라도 신나게 노래하며 오히려 분위기를 확 띄우는 사람들도 있는데, 내게는 그럴 깜냥도 없다. 부끄럽고 식은땀까지 나서 빨리 끝내야겠다는 생각밖에 들지 않는다.

"영문학과 나오셨으면 영어를 잘하시겠네요?" 이 질문도 스트레스다. 영문학과 나왔다고 영어로 인터뷰를 시킬 때도 있는데 역시 난감하다. 영어를 잘하는 선후배들은 CNN 보도를 받아 적고, 영어 랩 가사도 척척 알아듣는데, 나는 독해는 웬만큼 하지만 듣거나 말하는 건 자신이 없다. 중·고교 때 나는 원래 국어나 영어보다 수학을 더 좋아했다. 언어에 재능이 특별히 있는 것 같지도 않고 사실 영문학과에서 공부를 그리 열심히 하지도 않았다. 어쨌든 영문학과 나와서 영어를 못하니 콤플렉스다.

콤플렉스 없는 사람은 없다 ●

서울대 법대를 졸업하고 사업을 하는 A씨와 술자리를 한 적이 있다. 나는 술에 많이 취해 본심을 털어놓았다.

"서울대에 못 간 것이 한때 큰 콤플렉스였는데, 서울대 법대 나온 사람을 만나니 좀 부럽네요."

A씨는 "모르는 소리 하지 말라"고 했다.

"서울대 법대 들어가고도 주위에선 척척 붙는 사법고시를 연거푸 떨어졌으니 당시엔 살맛이 나지 않았어요. 학창 시절 늘 1등만 하니 선생님들이나 친구들이 떠받들어 제가 최고인 줄 알았지요. 근데 막상 대학에 가보니 저보다 머리 좋은 친구가 너무 많아 주눅이 들더군요. 그것 때문에 충격받아 한동안 난독

증에 걸려 글자를 하나도 못 읽었죠."

A씨는 사법고시에 계속 실패하자 돈이라도 벌 요량으로 기업에 입사했고, 경험을 쌓다가 사업을 했다고 했다. 돈은 많이 벌었지만 그에겐 '사시 패스'한 친구들에게 콤플렉스가 있었던 것이다.

내가 부러워할 만한 사람도 고충이 있었다. 하긴 나의 콤플렉스를 아는 친구들은 "고려대 합격한 놈이 서울대를 가지 못한 게 무슨 콤플렉스냐"고 비아냥대기도 했다. 하지만 서울대에 갔더라도 법대를 가지 못한 사람은 콤플렉스가 있을 수 있고, 법대에 갔더라도 사법고시에 계속 떨어지면 콤플렉스가 생길 수 있다. 사법고시에 붙었다 쳐도 판사나 검사가 되지 못한 사람, 판·검사라도 요직을 받지 못한 사람, 누구나 저마다 콤플렉스가 있다.

한번은 크게 실수를 한 적이 있다. 여러 사람이 모인 자리에서 모기업 임원에게 "전공이 뭐였냐"고 무심코 물었다. 그 사람은 "내 전공은 술 마시기입니다"라고 농담으로 받았지만 눈빛에는 몹시 당황한 기색이 보였다. 나중에 알고 보니 그분은 최종학력이 '고졸'이었다. 만약 그분만 만나는 자리였거나 공식적인 인터뷰였다면 사전 조사를 철저히 했겠지만, 우연히 동석하게 된 사람들의 자세한 프로필까지 알기는 어려웠다.

또 후배에게 실수한 적도 있다. 신입 기자 환영회 때 앞에 앉은 신입이 연세대를 나왔다기에 농담으로 "원주 캠퍼스 아냐?"라고 했더니, 시무룩한 표정으로 "예" 하는 것이 아닌가. 순식간에 주변이 침묵에 휩싸였다. 순간 무슨 말을 해야 할지 몰랐다. 그 신입 기자가 곧 회사를 그만두면서 사과하고 만회할 기회조차 잃었다. 두고두고 후회되는 일이다. 이같이 무심코 남에게 상처를 주는 일을 몇 차례 겪은 뒤, 나는 말을 더욱 조심하고 상대방의 입장에서 생각하게 됐다.

이제는 '서울대', '아버지', '가난' 등과 같은 콤플렉스들에서 많이 자유로워진 편이다. 그래도 누군가 나에게 "서울대 나온 사람이 확실히 일 처리가 깔끔하더라"라거나, "노래 잘하는 사람이 성격도 좋은 거 아니냐"라거나, "영문과 나와서 영어 한마디 못하는 사람 처음 봤다"고 말한다면 기분이 적잖이 상할 것 같다.

누구나 콤플렉스, 즉 역린을 가지고 산다. 『한비자』의 세난편에서 '용의 턱밑에 역린이라는 거꾸로 붙은 비늘이 있는데, 이것을 건드리면 용은 반드시 그 사람을 찔러 죽이고 만다'고 했다. '군주에게도 역린이 있어 함부로 건드려서는 안 된다'고 당부했다. 역린을 잘 읽는 사람이 인간관계에 능하다. 진실인지 거짓말인지를 논하기 전에 해서는 안 될 말과 해야 할 말을 구분해야 한다는 뜻이다.

방송국 출입이 잦다 보니 여성 연예인과 자주 마주치게 된다. 그런데 어떤 여성 연예인 A가 다른 여성 연예인 B에게 무심코 "너는 얼굴에 손 안 대도 예뻤는데 왜 했어?"라고 말하는 걸 들었다. B는 그렇지 않아도 성형수술이 제대로 되지 않아 속상해하던 차였다. B는 표정이 굳어지면서 얼굴이 빨개졌다. 그러고는 도망치듯 사라졌다. 그녀에게 '성형수술'이란 단어는 역린이었다. A는 외모를 칭찬할 의도로 한 얘기겠지만, B는 '성형' 얘기만 나와도 고통스러운 것이다. '성형'이란 말은 의도와 관계없이 아예 꺼내면 안 되는 단어였다.

본인에게 말 못할 콤플렉스가 있는가? 아무도 건드리지 않았으면 하는 역린이 있는가? 분명 모든 사람에게 있다. 그 콤플렉스가 뭔지 상대가 말하기 전에 사실 알기 어렵다. 그러니 조심을 해야 한다. '저분한테도 역린이 있을 수 있으니 조심하자'는 생각을 하는 것과 안 하는 것은 큰 차이가 있다. 잘못 건드렸으면 서둘러 사과하라. '그게 무슨 콤플렉스야'라는 생각은 금물이다. 상대의 입장을 배려하고 상대를 진심으로 대하면 자연스럽게 역린을 건드릴 일도 줄어들 것이다.

"저 사람은 그 일 때문에 많이 속상했겠구나."

"저분은 나와는 또 다른 아픔을 가지고 있구나."

"내가 저 사람의 상처를 낫게 하기 위해 어떻게 도와주면 될까?"

이렇듯 따뜻한 마음으로 사람들을 보고, 그 사람의 입장에서 생각하는 것이 인간관계의 시작이다.

다시 한 번 얘기하지만 역린은 아예 건드리지 말아야 해요. 예방이 최선입니다. 지방대를 나와서 학벌 콤플렉스가 있는 사람한테 "서울엔 대학 때 올라오셨어요?"라고 묻는다면 어떻겠어요.

누구에게나 역린이 있을 수 있는데, 건드리는 순간 상대방은 마음의 문을 확 닫아버려요. 그 순간 인간관계에 금이 가는 거죠. 그러니 최대한 건드리지 말아야 합니다. 답이 없어요.

만일 건드렸다, 그러면 재빨리 잘못했다고 사과하세요. 진심으로, 깊이. 그런 뒤에 화제를 돌리는 수밖에 없어요. 자신의 역린을 누군가 건드렸더라도 분위기를 깨지 않으려고 불편한 기색을 억지로 참으려 할 수도 있어요. 그래도 보면 알 수 있을 겁니다. 이때 '아, 내가 괜한 말을 했구나' 하면서도 그냥 두루뭉술하게 넘기면 절대 안 됩니다. 무조건 잘못을 고하고 용서를 구해야 해요.

저는 누군가가 역린을 건드리면, 제가 먼저 화제를 돌려버려요. 제가 MBN, 채널A, TV조선 등 종합편성채널 방송만 했잖아요. 그래서 KBS, MBC, SBS 등 공중파 쪽 사람들이 무시하는 경우가 있어요. 그래서 전 그런 불편한 상황이 벌어지면 "뭐, 그런 쓸데없는 얘기는 됐고요" 하면서 화제를 넘겨버리죠.

상대에게 관심을 기울이면 뭐가 역린인지 알아챌 수 있습니다. 자신이 자꾸 다른 사람의 콤플렉스를 건드리는 것 같다면 본인에게 문제가 있는 겁니다. 상대를 알기 위해 충분히 노력하지 않은 거예요. 사과해서 넘어갈 수 있는 것도 한두 번이에요. 반복되면 그땐 사과고 뭐고 돌이킬 수 없다고 보면 됩니다.

7

솔직함과
무분별함은 다르다

우리는 상대에게 다가갈 수 있다고 믿지만
그저 옆을 스쳐지나갈 뿐이다.
- 슈베르트

끊임없는 신세 한탄이 관계를 망친다

인간관계의 답이 수학처럼 단순하면 얼마나 좋겠는가. 내가 지금 알고 있는 것들을 젊을 때도 알았다면 얼마나 좋겠는가. 나이가 들어 돌이켜보니 사회생활 초반에 나는 인간관계에 서툴렀다.

나는 가진 것 없이 결혼생활을 시작했다. 아파트는 고사하고 서울 은평구 녹번동의 한 빌라 지하 단칸방에서 신혼살림을 꾸렸다. 처음엔 피임하지 않으면 아이는 바로 생기는 줄 알았건만 6개월이 지나도 생기지 않아 걱정하기도 했다. 하지만 막상 아내가 첫째를 임신하자 불임을 우려한 편이 나을 수도 있겠단 생각이 들었다. 아이가 생기자 훨씬 큰 고민과 마주해야 했던 것이다. 쾨쾨한 냄새가 나는 지하 단칸방에서 아이를 키우는 게 너무 속상했다. 고민 끝에 일산의 작은 아파트로 이사를 갔다. 둘째, 셋째, 넷째 아이가 계속 생기자 더 큰 집을 찾아 내가 태어난 관악구 봉천동으로 옮겼다.

그러다가 생각지 못한 사건이 하나 터졌다. 첫째 아이가 학교에서 돈을 뺏기고 온 것이다. '아이들은 알아서 잘 크겠지' 하고 여겼는데, 그게 아니었다. 홧김에 강남구 반포동으로 이사를 가버렸다. 좋은 학군에서 아이를 키우려고 무리를 했지만, 그게 발목을 잡았다. 강남은 다른 지역과 주거비 차이가 엄청 컸다. 박봉인 기자생활에 무리하게 대출을 했으니 오죽했겠나. 이자에 원금을 갚느라 허리가 휠 지경이었다. 아이 넷을 키우는 것은 결코 쉬운 일이 아니었다.

기자들은 가뜩이나 저녁 약속이 많아 퇴근이 늦은데, 잠을 제대로 이루지 못하고 출근할 때가 많았다. 몸은 피곤하고 돈은 없고 일은 많았다. 도무지 끝이 보이지 않았다. 상황이 이 지경이 되자 당시엔 한숨과 푸념을 달고 살았다. 나도 모르게 "요즘 힘들어 죽겠다"는 말이 툭 튀어나왔다. MBN의 기자 시절이라 업무로 재계 CEO나 임원을 자주 만났는데, 그들 앞에서도 마찬가지였다.

그때도 나는 사람과 사람 사이에서는 솔직해야 하며, 스스로에 대해 숨기지 않고 '100퍼센트 오픈'해야 한다고 여겼다. 속이 보일 만큼 투명하게 자신부터 열어서 보여주고 나에 대한 선택권을 상대방에게 넘겨준다는 생각으로 직장생활에 임했다. 그러나 해야 할 말과 해서는 안 될 말은 확실하게 가려야 했다.

재계 모 기업 CEO와 술자리를 가진 적이 있다. 여러 번 만나 친분이 있는 사이였다. 역시 그날도 나는 신세 한탄을 했고, 그 CEO는 "많이 힘들겠어요. 힘내세요"라며 격려했다. 헤어질 때가 되자 그는 뭔가 두툼한 봉투를 내 주머니에 찔러넣었다.

"이게 뭡니까?"

"그냥 넣어둬요. 형편이 어려우시다니."

순간 찬물을 끼얹은 듯 정신이 확 들었다. 솔직하게 나를 '오픈'하느라 숨김없이 말했을 뿐인데 그가 오해를 한 거다. 나는 돈 봉투를 다시 그에게 전하고 도망치듯 자리를 빠져나왔다. 나는 거지가 아니다. 구걸할 필요도 없다. 무엇보다 아무리 형편이 어렵더라도 취재원에게 돈 봉투를 받아서는 절대 안 된다. 그의 선의였다고 하더라도 내가 얼마나 궁색해 보였길래 싶어 얼굴이 화끈거렸다.

대개 사회적으로 성공한 사람들 곁에는 도움을 구하는 사람이 많이 모인다. 그 CEO는 나도 '그런 부류'의 사람으로 취급한 것 같다. 그러나 그것은 전적으로 오해의 여지를 제공한 내 잘못이었다. 그 사람이 내 속마음을 속속들이 들여다볼 수는 없지 않은가.

그즈음 친하게 지내던 정은성 당시 청와대 비서관도 내게 와서 조용히 충고했다.

"너, 요즘 다른 사람들한테 신세 한탄하고 다닌다며? 그런 모습 보이지 마라. 그런다고 너 도와줄 사람 없어. 오히려 널 피할 거야."

망치로 한 대 맞은 것 같았다. 아무리 솔직하더라도 할 말, 안 할 말은 가려야 했다. 신세를 한탄하면 할수록 사람들은 부담을 느낀다. 특히 상대가 나보다 가진 것이 많을 때는 더욱 그렇다. 지금 생각해도 머리카락이 쭈뼛 선다. 그게 기자 7년차 때 일이다.

한 언론사의 선배 기자 이야기다. 그 선배는 술자리를 갖기만 하면 자신의 어려운 사정을 하소연하는 습관이 있었다. 한 번은 그렇다고 치더라도 두 번, 세 번을 만나도 신세타령이 끊이지 않았다. 주로 회사 선배가 자신을 얼마나 지독하게 '갈구는지' 이야기하거나, 돈이 없어 집 한 채 마련하지 못했다는 푸념이었다. 들어보면 참 한심하게 느껴졌다. 자기를 괴롭히는 선배는 있을 수 있지만, 자기가 유능하게 일을 처리한다면 얼마든지 극복할 수 있다. 집이 없으면 근검절약하고 재테크를 해야 한다. 그리고 자기 분수를 알아야 한다.

하지만 그 선배의 이야기를 허투루 넘길 수가 없었다. 나도 예전에 솔직함을 빙자하여 서툰 처신을 했기 때문이다. 그 선배와 술자리를 하는 건 고역이었다. 나와 자리를 함께한 사람들도 얼마나 괴로웠을까, 그런 생각을 하니 부끄러웠다.

나는 몇 차례의 경험을 통해 큰 깨달음을 얻었다. 자신의 신세를 한탄하는 식의 얘기를 안 하는 것 못지않게 중요한 것이 '내가 어떤 에너지를 주는 사람인가' 하는 문제다. 언제 봐도 밝고 쾌활한 사람이 있는가 하면, 늘 우울한 사람이 있다. 밝은 사람 곁에 가면 긍정적인 에너지를 받고 온다. 그 사람이 남의 이야기를 잘 들어주고 자기를 내세우지 않는다면 금상첨화다.

늘 푸념과 한숨뿐인 사람 곁에 가면 기분이 우울해진다. 뭐라고 말을 해줘야겠지만, 섣불리 위로했다가는 오히려 섶을 지고 불에 덤비는 꼴이 된다. 반대로 아무 말도 하지 않으면 상대방은 내가 경청하지 않는다며 섭섭해할 수도 있다. 따라서 그런 사람과의 만남은 불편하다.

자신을 비하하고, 삶의 비극이 남의 탓이라고 생각하는 사람은 우울한 에너지 속에서 산다. 푸념을 자제한다 하더라도 그 얼굴에 에너지가 드러나고 자신도 모르게 한숨을 쉬곤 한다. 삶을 개척하고 계발해야 할 시간에 부정적인 생각을 하며 탕진하기 십상이다.

반면에 긍정적인 에너지를 지닌 사람은 삶을 얼마든지 개척해나갈 수 있다는 태도를 갖추고 있다. 한순간 어려울지라도 지나가는 태풍이며, 비바람이 걷히고 나면 다시 맑은 날이 온다고 여긴다. 별이 보이지 않더라도 별이 없는 것은 아니다. 보이지 않을 뿐이다. 그러나 행복의 주문만 외운다고 어려운 상황이 순식간에 바뀌는 것은 아니다. 문제가 있다면 그 원인을 확실히 파악하여 해결하고, 자신의 목표를 명확히 한 뒤 매진해야 한다.

지나친 신세 한탄으로 오해를 산 일 이후, 나는 다시 은평구로 이사를 갔다. 더 이상 넋두리만 하고 있을 수는 없었다. 분수를 알고 더 이상 무리하지 않았다. 내 걱정의 '킹 핀'을 제거한 것이다. 사람들이 나를 만나면 어떤 느낌을 받을지 깊이 생각해보게 됐다. 그리고 나는 긍정적인 에너지를 내뿜는 사람으로 변화하려고 애썼다.

다행히도 노력은 헛되지 않았다. 그 후부터 참가하게 된 여러 사회모임에서 그렇게 인기가 빠지는 편은 아닌 걸 보면 말이다.

지난해 4월에는 「박종진의 쾌도난마」 프로그램을 같이한 PD가 결혼했는데, 주례를 맡아달라고 했다. 내가 그 회사를 그만둔 상황이라 내게 잘 보이기 위해 맡긴 것도 아니다. 주례를 맡을 깜냥이 되지 않음을 알아서 몇 차례 고사했지만 거듭되는 부탁에 결국 승낙했다. 주례는 신뢰하고 존경하는 사람에게 부탁하잖나. 주제넘은 일이란 걸 알았지만 주례사를 부탁받았다는 그 자체만으로도 뿌듯했다. 그동안 주위에 좋은 에너지를 전하려 한 내 노력이 성과가 있는 것 같아 스스로 대견했다.

나는 주례사에서 세 가지를 강조했다. 첫째, 아무리 싸워도 하루 이상 삐치면 안 된다고 했다. 신혼 때 그런 시간이 길어지면 관계에 깊은 골이 팰 수 있다. 둘째, 행복의 비결은 감사에 있다고 말했다. 감사해할수록 행복해진다. 내 경험에서 우러나온 얘기다. 마지막으로 양가 부모님께 월급의 10퍼센트를 용돈으로 드리라고 했다. 그 자리에서 신랑·신부의 약속도 받아냈다. 부모의 축복 없이는 성공적인 결혼생활을 할 수 없기 때문이다. 아마도 그런 주례사는 처음이었을 거다. 나에게나 후배에게나 잊지 못할 결혼식이었다.

솔직하라, 자신을 오픈하라, 단점을 숨기지 마라. 이런 것들은 상대방에게 편안하게 다가가기 위함이다. 솔직하게 단점을 드러냈는데 상대가 불편해한다면 이건 안 하니만 못한 결과다. 사회생활을 하다 보면 여러 사람을 만난다. 상대방이 나의 어떤 말에 부담을 느낄지, 어떤 말에 불쾌해할지 정도는 알아야 한다. 기본적으로 경제적 어려움이나 타인을 비방하는 말은 떠벌리지 말자. 상대에게 좋은 에너지를 주지 못한다. 누군가 만나고 나면 자신을 한번 돌이켜보자. 나는 어떤 에너지를 주는 사람인가.

긍정적이고 유쾌한 에너지를
주는 건 원래 그 사람 성향이
그렇기 때문이 아닌가요?
다소 내성적이고 조용한 성격이라면 어떻게
긍정적 에너지를 줄 수 있을까요?

내성적인 것과 긍정적인 건 다르죠. 내성적이고 조용한 성격이라도 긍정적이고 유쾌한 에너지를 발산할 수 있어요. 얼굴에서 티가 납니다. 배어나온다고 하죠. 말이 없어도 행복한 얼굴이 있습니다. 보는 것만으로도 기분 좋아지게 하는 얼굴빛이 있어요. 근심 걱정이 없는 얼굴. 그런 사람은 아무리 조용해도 같이 있으면 힘을 받습니다.

제 주변 사람들을 예로 들면, 김설혜 채널A 아나운서나 박문영 기자가 있어요. 조용해요. 내성적이고 말수도 적고. 근데 얼굴에 항상 옅은 미소를 머금고 있어요. 그 미소 자체가 사람들에게 좋은 에너지를 주죠. TV조선에 정박문 부장도 마찬가지고요.

제가 유쾌한 에너지를 주는 건, 꼭 성격이 활달해서가 아니에요. 사고방식 자체가 긍정적이기 때문입니다. '오늘 이 순간 행복하자'는 게 제 신조입니다. 지금의 행복에 무게중심을 두고 살죠. '나는 생각한다, 고로 존재한다'고 하잖아요? 지금 행복해야 행복한 겁니다. 복잡다단한 걱정들은 머릿속에서 잘 정리해서 한쪽에 미뤄둬요. 제가 그런 걸 잘해요. 회사에서 받은 스트레스를 집에 안 들고 가죠. 그리고 내일 있을 일에 대한 스트레스도 적고요. 이건 제 철학이에요.

유쾌한 에너지를 주고 싶으세요? 근데 내성적이라 어려울 것 같다고요? 핑계입니다. 순간순간을 즐겁고 행복하고 유쾌하게 보내려는 사람은 얼굴과 행동과 태도에서 자연스럽게 드러납니다. 주위에 사람이 모일 수밖에 없죠. 근심 걱정에 싸여 긍정적 마인드가 잘 안 된다면 생각 정리하기를 연습하세요. 세상에 공짜란 없습니다.

인간관계의 관리

노력해야
내 사람이
된다

1

석사·박사 위에
'밥사'와 '술사'

식사 후 밥값을 계산하는 이는 돈이 많아서 그런 것이 아니라
돈보다 관계를 더 중히 생각하기 때문이다.
– 최재성, 『열두 마음』

밥 살 기회를 놓치면 아까워하라 •

예전에 모임 장소로 유명하던 한 식당에 가면 계산대 앞에서
실랑이하는 걸 자주 목격할 수 있었다. 서로 돈을 내겠다며 몸
싸움까지 불사하는 이들이 있는가 하면, 내는 시늉만 하고
슬쩍 지갑을 넣는 이도 있었다. 청탁금지법이 시행되면서 이런
풍경이 많이 줄었다. 나는 법 시행 전이나 지금이나 어떻게든
밥을 사려고 하는 편이다.

나도 처음부터 그런 건 아니다. 밥을 사려고 했는데, 누군가

화장실을 가는 척하며 미리 계산해버리면 '아, 오늘 돈을 아꼈네' 하고 좋아하던 때가 있었다. 그러나 지금은 누군가가 대신 돈을 내면 '오늘은 밥 살 기회를 잃었구나' 하고 아까워한다.

여러 선배에게 배운 바가 크다. 특히 정박문 선배 IV조선 시 시세자부장가 유독 밥과 술을 잘 샀다. 그렇다고 티를 내는 것도 아니고, 생색을 낸 적도 없다. 내가 무안해하지 않도록 배려까지 해줬다. 너무 여러 번 얻어먹어 곤란한 표정이라도 지으면 "다음에 네가 사면 되지" 하고는 넘어갔다. 선배는 어쩌다가 국수나 김밥을 함께 먹으면 내가 낼 기회를 줬고, 아무리 싼 음식을 얻어먹어도 반드시 고맙다고 말했다. 하지만 비싼 음식이나 술은 고스란히 선배의 주머니에서 나갔다. 하루는 그 선배에게 정색하며 물었다.

"아무리 선배지만 나도 매번 얻어먹기만 하니 미안해요. 혹시 착한 사람 콤플렉스 같은 강박 있는 거 아니에요?"

"나는 정말 사주고 싶어서 그러는 거야. 내가 좀 절약하고, 아끼는 후배한테 밥 사면 얼마나 기분이 좋은지 아냐?"

그의 진심이 느껴졌다. 그 선배는 '밥을 사기 위해 밥을 사는' 것이 아니라 나를 좋아하기에 기꺼이 돈을 쓰고, 아까워하지 않았다. 나중에 얻어먹기 위해서나, 누군가를 내 사람으로 만들기 위해서가 아니라 기뻐서 하는 행위였다. 그런 순수한 동기는 모든 불순한 것을 무릎 꿇리고 만다. 내가 밥을 잘 사게 된 또 다른 계기가 있다.

청탁금지법 시행 전인 정치부 기자 시절이었다. 대선주자인 국회의원 A가 기자들을 불러 모아 간담회를 한 적이 있다. 간담회는 식사 자리로 이어졌다. 그런데 행사를 마치고 가는데 갑자기 A 의원의 보좌관이 밥값을 각자 내라고 말했다. 비싼 밥도 아니었고 밥값 몇천 원이 아깝지는 않았다. 하지만 기분이 썩 좋진 않았다. 상대를 전혀 헤아리지 않은 처사였기 때문이다.

우선 순서가 잘못됐다. 행사 성격상 솔직히 식당에 들어서면서 밥값을 직접 낼 거라고 생각한 기자는 많지 않았을 거다. 그렇다면 "밥값은 각자 계산해야 한다"고 미리 얘기해주는 게 순서였다. 아마 A 의원은 밥값 계산에 대해 전혀 생각하지 않았을 거다. 평소에 밥값 내는 걸 별로 신경 써본 일이 없을 테니 말이다. 그저 정치적 평판을 염려하여 '식사비가 얼마 나오지도 않았는데 각자 내라고 해야 괜한 뒷말 없겠지'라고 여겼을 테다. 누군가 옆에서 조언을 해줬을지도 모른다. 그는 재산이 굉장히 많은 정치인이었기에 '대선주자가 기자들 모아놓고 식사 접대했다', '돈을 우습게 쓴다'는 등의 쓸데없는 논란거리를 만들고 싶지 않았을 수도 있다. 하지만 난 이때 그가 큰 정치인은 되기 힘들다고 봤다. 밥 사는 행위가 어떤 의미를 갖는지 전혀 모르는 눈치였다. 방송 진행을 하며 만난 사람들로부터 A 의원에 대한 이야기를 더 들을 수 있었다. A 의원이 속한 모임이 있는데 회비를 한 차례도 내지 않은 유일한 임원이라는 것이다. 재산이 많다 보니 돈의 의미를 모르는 게 아닌가 하는 생각이 들었다. 푼돈은 돈으로 보이지 않는 게다.

또 다른 국회의원 B 역시 식사 자리에서 비슷한 상황을 만들어 빈축을 산 적이 있다. 그도 축재를 많이 한 부자였다. 내 예상대로 그렇게 밥 사는 행위의 의미를 모르는 A 의원, B 의원은 모두 정치인으로서의 성적이 썩 좋지 않았다. 한동안 잘나가는가 싶다가도 사람들은 그들에게서 등을 돌렸다.

이들은 모두 박사 학위를 가지고 있고, 돈도 많다. 사회적인 부와 명성도 있다. 그러나 그들이 진심으로 사람의 마음을 움직일 수 있을까. 재력이나 배경 때문이 아니라, 진정으로 그들을 존경하여 끝까지 함께할 사람이 얼마나 될지 궁금하다. 돈이 많고 학벌이 좋은 사회적 인사들이 재력이 바닥나거나 상황이 바뀌면 하루아침에 외톨이로 전락하는 예를 나는 여러 번 보았다.

정치인이라고 모두 나쁜 인상만 받은 건 아니다. 나는 방송 진행을 하면서도 전국을 다니며 해당 지역 정치인이 어떻게 활동하고 있는지 생생하게 취재하기를 즐겼다. 시간과 체력 소모가 컸지만 현장에 가면 배우는 것이 많았다. 그래서 빈말이라도 "우리 지역구에 한번 오시라"고 하면 꼭 찾아갔다. 몇 년 전엔 김태호 전 경남도지사의 초대로 그의 지역구인 경남 김해를 후배 기자와 함께 간 적이 있다.

국회의원은 지역 행사 참석을 굉장히 중요하게 생각한다. 거기에 '표'가 있기 때문이다. 그래서 분 단위로 시간을 쓰며 행사마다 들러 얼굴을 비춘다. 내가 지역을 방문해서 의원들을 만날 때면 다들 항상 참석해야 할 행사로 바빴다. 그리고 나와 약속이 있더라도 우선적으로 행사에 참석하고, 보좌관이 대신 해당 지역구 현안과 정책에 대해 브리핑을 했다. 의원들의 상황을 충분히 이해하고 있기에 서운한 생각은 들지 않았다. 어찌 보면 당연했다.

그런데 김 전 지사는 "내가 직접 초대한 분에게 성의를 다하지 않는 것은 그분을 욕보이는 일"이라며 그날 참석해야 할 행사 관계자에게 양해를 구하고 조금 늦게 참석하는 대신 직접 나에게 정책 현안을 설명했다. 형식적인 '얼굴 비추기'보다 자신이 '성의'를 보일 수 있는 자리를 택한 것이다. 꼭 가야 하는 행사들이 또 있어서 나를 데리고 갔는데 쫓아다니는 게 쉽지는 않았지만 그의 진심이 느껴져 오히려 힘이 났다. 함께 간 후배 기자의 질문에도 그는 자세히 답변했다.

그는 내게만 이렇게 잘하는 것이 아니었다. 지위가 높든 낮든 자신을 찾아온 사람에겐 모두 성심껏 대했다. 그는 평소에도 누구와도 밥과 술을 함께하는 것을 즐겼고, 밥을 사든 술을 사든 티를 내는 법이 없었다.

김 전 지사는 소위 '친○'식의 계파 없이 권력과 멀었고 흔히 말하는 '빽'도 없다. 여전히 어느 계파에도 속해 있지 않지만 권력을 잡은 사람들도 그에게 함부로 대하지 못한다. 정계의 여러 인사에게서 두루두루 신망을 얻고 있어서다.

사람이 무엇을 이루려면 성의가 있어야 한다. 어떤 일이든지 '성誠'을 다하지 않으면 제대로 되는 일이 없다. 사자는 토끼를 잡을 때도 최선을 다한다. 김 전 지사가 사람을 진심으로 대하는 태도를 계속 견지해나간다면 앞으로도 좋은 활동을 보여줄 것이라 본다.

이런 여러 가지 경험이 쌓이면서 나는 석사나 박사보다 '밥사', '술사'가 오히려 사람의 마음을 움직인다고 생각하게 됐다.

언론사에서 퇴사한 지 한참 됐지만 나는 기자 후배들을 자주 만난다. 후배 입장에서야 나는 떨어진 동아줄이니 내게 잘 보일 필요가 없다. 그러나 후배들은 나를 믿고 따른다. 부르면 열일 제쳐두고 나오는 후배가 많다. 지금도 그 인연이 이어지고 있는 것은 내가 그들에게 마음을 줬기 때문일 것이다. 그것을 표현하는 수단으로 나는 밥을 사고 술을 샀다. 회사를 다닐 때도 신입 기자가 들어오면 나는 기수별로 회식을 시켜줬다. 1차만 내는 게 아니라 2차, 3차까지 모두 '쐈다'.

돈이 많아서 그랬던 게 아니다. 기자 월급이 많아봐야 얼마나 되겠는가. 후배들을 보면 내가 박봉에 시달리던 초년 시절이 생각나서 안쓰러웠다. 기자실 소파에서 졸며 밤을 새고, 아직 실력은 안 되지만 어떻게든 잘해보려고 안간힘을 쓰는 게 뭉클하기도 했다. 기운 나는 회식 자리를 만들어 선배가 격려 한마디, 용기 주는 한마디를 하면 신입에게는 평생 힘이 될 수 있다.

나는 물질에도 마음이 있다고 여긴다. 연애할 때를 떠올려보라. 좋은 음식을 보면 사랑하는 사람과 함께 먹으면 좋겠다고 생각한다. 좋은 옷이나 구두를 보면 사주고 싶어 안달이 난다. 사랑하는 사람에게 돈을 쓰고 싶어 하는 건 돈이 넉넉해서 물 쓰듯 펑펑 써대는 과소비와 다르다. 돈을 항상 아끼는 사람도 연인을 위해서는 흔쾌히 지갑을 연다. 사랑해서다.

청탁금지법 시행으로 밥 사고, 얻어먹고 하던 사례를 옛날 얘기쯤으로 치부해버릴지도 모른다. 하지만 내 생각은 다르다. 오히려 전보다 밥 사고, 술 사는 행위가 더 중요해졌다. 뭔가를 부탁하기 위한 억지스런 자리가 아니라 '관계 맺기'에 더 집중한 편안하고 자연스러운 식사 자리가 마련될 수 있지 않은가.

자신의 사익私益을 위해서만 밥이나 술을 사고, 이익이 없다면 사지 않는 식이면 안 된다. 세상은 그리 호락호락하지 않다. 또한 그렇게 삭막하지도 않다. 나의 곁에 있어주는 동료나 선후배에게 감사하며 밥이나 술을 살 수 있는 것만으로도 얼마나 행복한지 알아야 한다. 형편이 녹록치 않아 설령 내가 밥을 사지 않더라도 정녕 그런 마음을 가지고 있다면 상대가 알아줄 것이다. 계속 얻어먹기만 하면서 밥값을 좀처럼 내지 않는 사람은 당장의 몇만 원을 아낄 수는 있으나 수천만 원으로도 다시 살 수 없는 사람의 마음을 잃는다. 정작 어려울 때 그를 도와줄 사람은 없을 것이다. 밥을 살 수 있을 때 많이 사라. 아니 그보다는 밥이나 술을 살 정도로 타인을 아끼고 사랑하도록 노력해보라. 당신의 인생이 바뀔 것이다. 장담한다.

Q&A

밥 사고, 술 사는 게
이른바 '접대' 문화라며
안 좋게 보는 시선도 있잖아요.
청탁금지법도 그래서 나왔고요.
그래도 밥과 술이 최고인가요?
전화, 선물, 경조사 챙기기.
이런 것보다 밥과 술이 더 나은가요?

글쎄요. 밥과 술. 그걸 물질 공세로 보기 때문에 부정적으로
여기는 것 아닌가 싶네요. 전 밥과 술 사는 걸 물질적으로만
보지 않고, 정성이라고 봐요. 돈 안 아까운 사람이 어디 있겠
어요. 자본주의 사회 아닙니까. 돈이 중심이 되는 사회인데, 당연
히 돈 쓰는 문제가 중요하죠. 아무리 부자라고 해도 돈쓰는 건 아
까운 거예요. 그런데 그걸 누군가에게 쓴다는 건 정성을 베풀겠
다는 의미 아니겠어요? 한턱 내겠다, 하는 건 접대라기보다는 정
성이고 마음의 표현이라고 봐요. 요즘 젊은 사람들은 소개팅 나
가서 상대방이 마음에 안 들면 더치페이를 한다더군요.

그만큼 마음이 있어야 밥도 사주고 술도 사주고 싶은 겁니다.

밥과 술인 이유는, 얼굴을 더 오래 마주할 수 있잖아요. 얘기도 더 나눌 수 있고. 전화보단 얼굴 맞대는 게 낫죠. 그리고 선물 챙기는 건 은근히 까다로운 일이에요. 취향에 맞춰서 골라야 하고요, 주소 물어봐서 일일이 보내야 하고요. 저는 그럴 시간에 만나서 같이 얘기도 하고 얼굴 보고 밥도 먹는 편이 훨씬 서로 즐겁더라고요. 경조사는 놓치기 일쑤입니다. 챙길 수 있으면 좋죠. 하지만 일정이 안 맞을 수도 있고 모르고 넘길 수도 있고요. 밥과 술 사는 건 아무 때나 서로 시간만 맞으면 할 수 있으니 그런 걱정이 없죠.

비싼 식사, 좋은 술. 이런 건 중요하지 않아요. 국밥 한 그릇을 같이 먹어도 "잠깐 나와. 밥 한 끼 하자"라고 말할 용기와 정성이 중요해요. 그런 용기와 정성을 조금만 발휘할 수 있다면 사람 사귀는 게 즐거울 겁니다. 사람과 관계를 맺고자 한다면 이왕이면 밥과 술에 투자하세요. 분명 남는 장사입니다.

문득 생각나는
사람을 챙겨라

> 세상 만물은 겉보기에 모두 따로따로 움직이는 것 같아도,
> 그 너머에는 하나로 연결된 '전체성'이라는 차원이 존재한다.
> – 디팍 초프라

텔레파시를 믿는 이유

나는 수학을 좋아하고 매사에 명쾌한 것을 추구한다. 그러나 한편으로는 '직감'을 무시하지 않는다. 나는 직감으로 취재를 해 특종을 낚은 적이 제법 있다. 고승덕 돈봉투 사건도 그런 예다. 2012년 1월 고승덕 전 의원_{당시 새누리당 의원}이 「박종진의 쾌도난마」에 출연해 전당대회 얘기를 했는데, 나는 문득 예전에 그가 쓴 칼럼이 떠올랐다. 돈 봉투를 받았느냐고 물었고, 집

요하게 파고들어가 특종을 낚았다.■

　이런 취재는 겉으로는 별게 없지만 여기에 '뭔가 있다'라는 느낌이 번뜩 스칠 때 사건을 파고들면 굵직한 기삿거리가 알감자처럼 줄줄이 나온다 오해는 하지 않았으면 좋겠다. 직감은 어느 정도 사실 관계를 파악했을 때 가능하다. 마치 무당처럼 '오늘은 동쪽으로 가볼까?'라는 식으로 취재하지는 않는다. 기사는 어쨌든 팩트가 가장 중요하다.

　직감이라는 것은 다르게 보면 '신호'다. 난 육체적·정신적 신호에 귀 기울인다. 나는 만약 어떤 음식이 먹고 싶으면 그것을 찾아 먹는 편이다. 내 온몸의 세포가 그 음식에 들어 있는 영양소를 간절히 바라는 것으로 여겨서다. 아침에 우유가 먹고 싶다면 우유에 있는 단백질이나 칼슘이 필요하구나, 가끔씩 된장이 먹고 싶다거나 고기가 먹고 싶을 때도 내 몸이 원하고 있구나 하며 섭취한다 (영양학·의학적으로 접근해 미과학적이라고 비판하진 말아달라). 어떤 사람을 사랑하면 그 사람과 같이 있어야 하고, 그 바람이 간절하면 결혼해야 한다. 그렇지 않으면 상사병에 걸려 시름시름 앓을 것이다. 몸과 머리로 전달되는 신호대

■　「박종진의 쾌도난마」를 통해 2008년 한나라당 전당대회를 앞두고 박희태 당시 당 대표 경선 후보가 돈 봉투를 살포했다는 의혹이 불거졌다. 이 특종으로 인해 방송 직후 박희태 국회의장은 의장직을 사퇴했고, 의혹은 검찰 조사를 통해 사실로 드러났다.

로 하면 모든 것이 편안해진다. 그 신호를 계속 무시하다 보면 삶이 자꾸 꼬인다.

난 '텔레파시'를 느낄 수 있다. 이건 내가 자신에게 보내는 신호가 아니라 남이 나에게 보내는 신호다(누군가가 말한 '우주의 기운' 이런 걸 운운하는 것은 아니다). 이상하게 들리는가? 나는 초자연적 현상(paranormal) 전문가도 아니고 무속인도 아니다. 미신을 신봉하는 편도 아니다. 그러나 텔레파시는 내가 늘 겪기 때문에 확실히 존재한다고 믿는다. 몇몇 독자는 내 말에 공감할 것이다.

얼마 전에 일을 하고 있는데 이유는 알 수 없었지만 아무래도 기분이 찝찝하고 이상했다. 아니나 다를까, 아내에게서 전화가 왔는데, 딸이 다쳤단다. 계단에서 중심을 잃고 넘어졌다는 것이다. 아버지가 돌아가시는 날에도 이와 비슷한 일을 경험했다. 이처럼 주변의 소중한 사람에게 무슨 일이 있을 때마다 나는 그걸 감지하곤 한다. 의외로 나와 비슷한 경험을 한 사람이 많을 것이다.

때로는 어떤 사람이 굉장히 생각나는데, 마침 그 사람에게서 전화가 오기도 한다. 그럴 때는 그렇게 반가울 수가 없다. 반대의 경우가 더 많다. 내가 문득 어떤 사람이 생각나 바로 전화하면 "지금 선배 생각하고 있었어요" 또는 "안 그래도 다른 사람 만나서 네 얘기 하던 중이야" 같은 말을 듣는다. 물론 나 듣기 좋으라고 한 말일 수 있지만 실제 텔레파시가 통한 사람도 있다고 본다.

어떤 사람이 생각나면 나는 그 사람에게 곧바로 전화를 한다. 내가 받은 신호에 따라 행동하는 것이다. 어떤 사람이 생각났다면, 그 사람이 당신을 필요로 하는 것이다. 용건이 없어도 "그냥 생각나서 전화했어"라며 이야기를 이어나간다. 이런 전화가 지금의 나를 만들어줬다고 해도 과언이 아니다.

그냥 전화하는 게 어때서?

텔레파시를 운운하지 않더라도, 문득 생각나는 사람에게 전화를 하는 건 꼭 필요하다. 어느 정도 나이가 든 사람들, 특히 바쁜 사람들은 용건이 있을 때만 연락하는 경우가 많다. 그러면 대화가 철저히 업무 중심으로 돌아갈 수밖에 없다. '내가 원하는 것이 있으니 해달라'는 식이 된다. '기브 앤드 테이크 & take '의 태도로 사람을 대하다 보면 언제나 주고받는 것에 익숙해진다. 이렇게 되면 업무가 끝날 때 그 사람과의 인간관계까지 끝난다. "직장을 그만두니 내게 아부하고 잘 보이려 하던 사람들이 모두 연락을 끊더라"며 분노를 삭이지 못하는 선배들을 여럿 봤다.

내가 상대방에게 필요한 것을 그냥 베풀 수도 있고, 아무 용건 없이 서로의 감정을 교류할 수도 있다. 문득 떠오르는 사람들은 친한 사람들이거나, 친하지 않더라도 내가 보고 싶은 사람들이다. 아무리 좋은 음식이라도 먹지 않으면 그림의 떡이고, 아무리 좋은 사람이라도 마음을 주고받지 않으면 역시 마음속 인연에 불과하다. 전화를 걸어 그 사람이 곤란한 상황에 있다면 어떻게든 도와주려고 하고, 기쁜 일이 있다면 함께 축하해주는 게 좋지 않을까. 문득 생각날 때 전화하는 건 그 사람의 직함이나 능력을 떠나 그 사람 자체를 사랑하고 공감하는 방법이다.

최근 한 일간지에 보도된 내용을 보니 "설문조사 결과 휴대전화에 저장된 전화번호는 평균 221.6개였으나 편하게 연락할 수 있는 사람은 15.5퍼센트(34.5명)에 불과"하다고 한다. 그만큼 '일로 어쩔 수 없이' 연락해야 할 사람이 많단 얘기다. 이런

■ 「"하루 카톡 500건"…권태기 빠진 한국」, 중앙일보, 2016년 8월 19일자.

상황이니 '그냥 전화했다'라는 말이 실없이 들릴 수도 있다. 정말 친한 친구 사이에서야 용건 없이 연락하는 게 자연스럽지만 그렇지 않은 사람에게 전화를 하면 '용건이 없다고는 하지만 이 사람이 무슨 꿍꿍이가 있는 건 아닐까?'라고 오해를 받기도 한다. 그러나 나는 감정의 소통과 교류만큼 중요한 용건은 없다고 생각한다.

가끔 수년 동안 연락하지 않던 사람이 경조사 때문에 전화를 걸어오기도 한다. 이럴 때면 참 난감하다. 그동안 나에게 도통 관심을 보이지 않다가 자신이 필요한 일에만 나를 이용하려는 태도 탓이다. 그러나 그 경조사를 진심으로 챙기고 나면 그 사람은 내게 고마워하며 다시 꾸준히 연락을 주고받을 수 있다. 다른 사람에게 늘 받으려고만 하지 말고 내가 먼저 남에게 베풀어야 한다.

덕분에 나는 오지랖이 넓은 편이다. 요즘 말로 '오지라퍼'다. 재계, 언론계, 관계, 법조계 인사들이 한 달에 한 번씩 모이는 '키카스 클럽', 고대 로스쿨 최고위 과정 모임, 참여정부 청와대 모임, 국민의 정부 청와대 모임, 국세청 모임, 금감위 모임, 서울시청 모임, 서울의대 최고위 과정 모임, 멘토들의 모임, KNN, KDI 등이 있고, 굳이 모임이라고는 할 수 없지만 나를 좋아하는 후배들도 여러 그룹이 있어 정기적으로 만나고 있다.

나는 앞으로도 텔레파시를 믿고 직감에 따라 생각나는 사람에게는 바로 전화를 할 것이다. 여기에는 어떤 가식이나 의도가 없다. 사실 모든 미사여구를 다 빼버리고 '그냥 보고 싶어 전화했다'라는 게 가장 솔직한 심정이다. 어쩌면 '우주의 메시지'는 '보고 싶다'는 가장 단순한 것이 아닐까 싶다.

126   인간관계의 관리

문득 떠오르는 사람 중에는 오랫동안 연락을 안 하던 사람인 경우가 많죠. 저는 그냥 전화합니다. 물론 저도 100퍼센트 실행에 옮기진 못해요. 그 순간을 놓칠 때도 있죠. 그 자리에 집중해야 할 때거나 급한 일이 밀려 있으면 전화할 새가 없잖아요. 아무리 생각해도 전화할 만큼 친한 사이는 아닌 듯해서 안 하기도 합니다.

오랜만에 전화하면 어색하죠, 당연히. 근데 무슨 해를 끼친다는 것도 아니고, 그냥 "생각이 나서 연락했습니다"라고 안부를 물으면서 대화하면 됩니다. 열에 아홉은 굉장히 반가워해요. 또 만날 약속을 잡기도 하죠. 그렇게 만나면 정말 반갑습니다. 오래 못 봤어도 그간 어떻게 지냈는지 얘기하다 보면 다시 자주 본 사이처럼 되죠.

근데 상대방이 영 반가워하지 않을 때도 있습니다. 난감하죠. 좋은 의도로 전화했는데 전혀 반가워하질 않는 거예요. 저도 그런 적이 있어요. 고등학교 때 학생회를 같이한 친구가 있어요. 갑자기 생각이 나서 어렵게 전화번호를 수소문해 연락했는데 반응이 싸하더라고요. 당황스러웠죠. 나중에 알고 보니 그 친구가 너무 힘든 상황이었더라고요. 가족 중 암 투병 환자가 있어서 간호한다고 여유가 없던 거예요. 그런데 저는 추억에 빠져서 갑작스럽게 전화를 했으니 반가울 수가 없었겠죠.

결국 그 친구랑은 어색하게 전화를 끊었지만 전화를 건 일은 후회 안 해요. 어쩌면 그 친구가 힘들다고 텔레파시를 보낸 걸지도 모른다고 생각하거든요. 이렇게 전화를 했으니 나중에 그 친구가 여유가 생긴 다음에 다시 제게 연락할 수도 있고, 또 힘든 일이 생기면 도와줄 수도 있게 된 거죠.

근데 아무 이유도 없이 전혀 반가워하지 않으면 어쩌냐고요? 그러면 다시 전화 안 걸면 되죠, 뭐.

줄 것이 없으면
만나지 마라

협상 전문가들은 거꾸로 생각한다네.
자신이 갖고 있는 게 뭔지를 항상 먼저 생각하지.
- 레이먼드 조, 『관계의 힘』

직함이 자신이라고 착각 마라 :

나는 직업상 고위 공무원이나 재계 인사 등을 자주 만나는 편이다. 그런데 이들이 퇴임 후에 심심찮게 하는 말이 있다. "현직에 있을 때는 문지방이 닳도록 드나들던 사람들이 퇴임 후에는 연락을 딱 끊었다. 괘씸하다"는 것이다. 그런 사정은 기자도 마찬가지다. 행여나 밉보였다가 자신에 관한 좋지 않은 기사를 쓸까봐 취재 대상이 되는 사람들은 현직의 기자들에게는 함부로 대하지 못하지만, 퇴직을 하면 다르게 대접하곤 한다. 현직에 있을 때 감정이 좋지 않았으면 퇴직 후 문전박대를 하기도 한다.

이유는 단순하다. 현직에 있는 사람은 '뭔가 줄 수 있는 힘'이 있기 때문이다. 권력이든, 돈이든, 펜에서 나오는 힘이든, 그 무엇이든 가지고 있는 사람으로부터는 유형무형의 이득을 볼 수 있다. 그런데 현직을 그만두면서 그 사람에게 더 이상 얻을 것이 없다면 연락을 끊는 것이다.

야속하다고 생각할 필요 없다. 그게 인간관계다. 나도 회사를 그만두니 태도가 달라진 사람들이 있어 한동안은 화가 좀 났다. 현직에 있을 때 내게 아첨하던 사람들의 가식이 뒤늦게 느껴져 역겹기까지 했다. 그러나 곰곰이 생각해보니 화를 낼 일이 아니었다. 사람은 뭔가 얻을 게 있는 사람을 더 만나기 마련이다. 공자도 배울 게 있는 벗을 사귀라고 했다. 현직에 있을 때는 업무 때문에 만난다지만, 그 사람이 업무에서 멀어지더라도 인품이 훌륭하고 멘토로 삼을 만하면 여전히 꾸준히 연락한다. 내가 그만한 그릇이 되지 않아서니 누구를 탓해서는 안 된다.

다행히도 대부분의 사람들은 내가 퇴직한 뒤에도 태도를 바꾸지 않았다. 현직에 있을 때부터 남에게 무언가 하나라도 더 주려고 애썼고, 다행히도 그 노력을 사람들이 알아준 것 같다.

앞에서 말한 것처럼 나는 스스로를 '100퍼센트 오픈'하고 마음을 준다. 술이나 밥도 주머니 사정이 허락하는 선에서 샀다.

취재원을 대할 때도 이용하려고만 하지 않았다. 다른 취재원의 비밀을 보장하는 선에서 그에게 꼭 필요한 정보를 줬다. 취재원들은 자신이 가진 기삿거리를 제공하는 역할을 하지만, 나를 만나면 다른 정보를 얻을 수 있어 흔쾌히 만나려고 했다. '빨대'▪를 꽂아 자기가 원하는 것만 쪽쪽 빨아먹는 사람을 좋아할리 없지 않은가.

사람을 만나면 시간을 쓰게 된다. 그 시간이 가치 있으려면 서로가 얻는 것이 있어야 한다. 만약 일방적으로 한쪽만 얻게 되면 그 관계는 오래 지속되지 못한다. 여기에서 준다는 게 꼭 돈이나 권력을 의미하지는 않는다.

귀한 인연이라면 업어라도 주겠다 ⦂

이영작이라는 분이 있다. 서울대학교 전자공학과를 졸업하고 전공을 통계학으로 바꾸어 미국 오하이오주립대학교에서

▪ 　중요 기관이나 기업 내부의 주요 취재원을 이르는 언론계 은어.

박사 학위를 취득한 뒤 메릴랜드대학교에서 교수를 지냈다. 미국 국립보건원(NIH) 의료통계분석실장을 지내기도 했다. 지혜와 지식, 덕망을 고루 갖추고 있어 내가 멘토로 모시고 있다. 정치적 상황에 대한 통찰이 뛰어나고, 사람의 심리를 잘 분석한다. 우리가 알고 있는 평범한 상식으로 접근해서 복잡한 정치적 연산을 해낸다.

수학에서 아무리 어려운 문제라도 기본은 『수학의 정석』에 다 있다고들 한다. 마찬가지로 이 박사는 『수학의 정석』 같은 자신만의 방법론을 가지고 있으며, 난해한 수읽기라도 평범하게 만들어버린다. 그처럼 예리한 사람을 나는 아직 보지 못했다. 이 박사는 대한민국에서 선거가 치러지면 누가 몇 퍼센트로 당선될지를 거의 정확하게 맞힌다. 통계를 통해 사회적 현상을 풀어내는 데도 뛰어나며, 전략을 세우는 데도 능하다. 여러 정당에서 이 박사를 데려가려고 애쓸 수밖에 없었다. 그러나 그는 정치권에 관여하지 않은 채 현재 제약회사 대표로서 경영에만 매진하고 있다.

나는 "그 탁월한 통찰력을 왜 정치권에 가서 활용하지 않느냐"고 물었다. 아마도 정당에서는 이 박사에게 자리를 약속했을 것이다. 이 박사는 "그럴 역량이 안 된다"고 대답했다. 내가 지켜본 바로 그는 매우 단호한 사람이라 한 번 말하면 다시 돌이키는 법이 없다.

나는 그에게서 큰 감동을 받았다. 그는 국회의원도 아니고 권력자도 아니다. 현재는 경영인이지만, 정치권에서 앞다투어 '러브콜'을 할 정도의 식견과 지혜를 지니고 있다. 게다가 그는 자신의 분수를 지킬 줄 아는 사람이다. 이 박사와 대화를 하다 보면 돈이나 권력이 없더라도 무언가 다른 사람에게 줄 것이 있어야 한다는 점을 되새기게 된다.

언젠가 "제가 나중에 박사님 모시면 오실 거냐?"고 물었더니 "박종진 앵커가 부르면 달려가겠다"고 대답했다. 내 기분을 맞춰준 별 의미 없는 추임새일 수도 있었는데 실제로 그는 약속을 지켰다. 나중에 「박종진 라이브쇼」에 고정 출연을 해준 것이다. 나도 그분께 뭔가 드린 것이 있었나 보다.

내가 만나본 정재계 인사 중 사람이 많이 따르는 분들도 여러 유형이 있다. 그들에게는 아우라 같은 것이 있다는 공통점이 있다. 범접하기 힘든 위엄을 갖추고 있으면서도 사람을 편안하게 해준다. 그중 지장(智將)과 만나면 고급 정보를 나눌 수 있다. 그것은 팩트에 뿌리를 둔 것일 수도 있고, 아니면 그들의 노련한 통찰에서 나오는 지혜일 수도 있다. 평범한 현상이지만 거기에 예리한 시각이 가미되면 사이다같이 가슴이 뚫리는 분석이 나온다. 그들에게 궁금하던 것들을 마음 편하게 물어볼 수 있다. 명불허전이라는 말을 실감하게 한다. 그들이 승승장구하는 건 다 이유가 있다. 또한 덕장(德將)을 만나면 그저 말을 들어주기만 해도 속이 풀리는 것 같고, 만나고 나면 왠지 기분이 좋아진다. 일마저 잘 풀릴 것 같다. 아마도 만난 사람에게 자신의 에너지를 나누어주는 듯하다.

우스갯소리로 용장(勇將), 지장, 덕장보다 '운장(?)'이 명장이란 말도 있다. 운(運)이 따르는 사람은 이길 수 없다는 얘기다. 라디오에서 한 유명 IT기업 임원이 한 얘기가 솔깃했다. 그는 면접 볼 때 면접자에게 마지막으로 "당신은 운이 좋은 사람이라고 생각하냐"고 묻는단다. 면접자는 운발로 여기까지 왔다고 여길까봐 '난 운 좋은 사람'이란 대답을 머뭇거린단다. 근데 그 임원 생각은 달랐다.

"전 '운 좋다'는 대답에 가산점을 줍니다. 운 좋은 사람이 들어와야 그 운이 회사에도 미치죠."

실제 내가 만나는 사람 중에는 본인이 운이 좋다고 생각하고 그 운이 당신에게도 미칠 거라는 덕담을 하는 분들이 있다. 듣는 것만으로도 기분 좋아지는 말이다. 그런 사람들은 긍정적 에너지를 발산하기 때문에 만나면 나도 충전되는 느낌을 받는다. 하소연만 하며 우는 소리를 달고 다니는 사람을 만나는 것과 비교해서 상상해보라.

주위에 사람이 없다면 내게 등 돌린 사람들을 욕하기보다는 오히려 내가 더 줄 수 있는 게 무엇인지를 찾아야 한다. 누군가의 주변을 얼쩡거리며 얻으려고만 해서는 안 된다. 줄 게 없으면 사람들을 만나기가 쉽지 않다. 내가 뭔가 줄 수 있다는 확신이 있어야 한다.

나도 누군가에게 무엇을 줄 수 있도록 노력한다. 밥과 술은 얼마든지 사줄 수 있다. 웃음을 줄 수도 있고, 편안함을 줄 수도 있다. 정 줄 게 없다면 그 집에 가서 마당이라도 쓸겠다. 이삿짐 나를 때 내가 필요하면 기꺼이 가서 도와주고 싶다. 줄 수 있는 게 없을 리 없다. 하다못해 누군가가 술을 마시면 그를 위해 기꺼이 대리운전 기사 노릇을 할 수도 있다(실제 한 후배는 술을 마시지 않는데 나와 술자리를 함께하면 매번 대리기사 노릇을 자처해준다. 더 이상 같은 회사에 다니지 않아 내게 잘 보일 필요가 없는 지금도 마찬가지다. 정말 고마운 일이다). 만약 면허가 없다면 그를 업고 가기라도 할 수 있는 것 아닌가. 줄 생각으로 찾아보면 한없이 많다. 아낌없이 줘라.

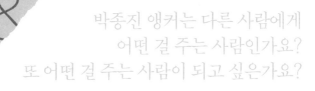
박종진 앵커는 다른 사람에게
어떤 걸 주는 사람인가요?
또 어떤 걸 주는 사람이 되고 싶은가요?

전 사람들에게 긍정의 에너지를 주는 사람 같아요. 모든 사람에게 그럴 순 없지만요. 저를 만나면 기분이 좋아진다는 사람이 많아요. 선·후배, 동료들에게 기분 좋은 에너지를 주는 듯합니다. 제가 명창名唱은 아니지만, 명고수名鼓手거든요. 소리꾼 옆에서 "얼쑤!" 하면서 북 치는 사람을 고수라고 하잖아요. 그 고수 중에도 명고수가 있는 법입니다. '명창에 명고수다', '1 고수, 2 명창', 이런 말도 있죠. 얼씨구, 그렇지, 아무렴, 잘한다, 좋다, 저런……. 이런 추임새를 잘 넣어야 명고수고 이런 명고수가 있어야 소리꾼도 신이 나 더욱 맛깔나는 소리를 할 수 있는 겁니다. 저는 그렇게 상대방이 신이 나서 한마디라도 더 하게 만드는 재주가 있어요. 그러니 저하고 있으면 에너지를 받는다고들 하는 것 같아요.

저는 지인이 힘들 때 더 신경 씁니다. 병원에 입원했다는 소식을 들으면 병문안을 가는 편입니다. 불의의 일로 수감생활 중인 친구나 후배뿐만 아니라, 혹시 남들은 엮일까봐 꺼리는 정치인이나 사업가도 항상 잊지 않고 면회를 가요. 영치금도 넣어주고, 여벌 옷도 넣어주고요. 제가 좋아하는 사람은 할 수 있는 범위에서 최대한 챙기죠.

최근에 20년지기 선배가 자살했다는 소식을 들었어요. 유명한 벤처기업가였죠. 그 선배가 자살하기 얼마 전 저를 찾아와 돈을 빌려달라 했어요. 마이너스 통장을 모두 털어줬죠. 자살 소식을 들었을 때 빌려준 돈 생각은 전혀 나지 않았어요. 그보단 선배에게 진짜 필요했던 따듯한 관심을 주지 못했던 것 같아 가슴이 너무 아팠습니다. 이렇게 물질적인 도움보다 마음이 더 필요할 때가 있어요. 다른 무엇보다 위로와 격려, 관심을 주는 사람이 돼야겠다고 다시 한 번 생각한 계기가 됐습니다. 여담인데, 돈 빌려줄 때는 받을 생각을 하지 말아야 합니다. 사람을 만날 때 돈이 떠오르면 그 관계는 깨졌다고 봐야 합니다. 돈을 떼여도 아깝지 않은 사람에게만 빌려주세요.

4

전화, '걸기'보다 '받기'가 먼저다

말 많은 사람은 행동을 잘 하지 않는다.
성자는 언제나 말에 실행이 뒤따라야 하는 것을 알기에
결코 헛소리를 하지 않는다.
－중국 격언

긴 통화에 알맹이가 있던가 ⦂

한때는 휴대폰 없어도 잘 살았다. 지금은 누군가가 약속에 늦으면 전화나 문자를 하지만, 예전에는 무슨 사정이 있겠거니 하고 생각했다. 연인이 데이트에 늦게 오면 마음을 졸이며 한 시간이건 두 시간이건 그 자리에서 기다렸다. 그래도 연애도 잘하고 결혼도 했다.

휴대폰이 있으면 편하긴 하다. 그러나 한편으로는 편해진 만큼의 폐해도 생겼다. 한창 바쁠 때 누군가가 문자[■]를 보내면 나는 하던 일을 제쳐두고 강박적으로 답을 한다. 그렇지 않으면 '문자를 씹는다'는 오해를 받을 수 있어서다. 또한 시도 때도 없이 걸려오는 전화 탓에 요즘은 조용히 생각할 시간조차 없다. 동전에는 양면이 있고, 검에는 양날이 있다. 세상에는 음양이 있다. 휴대폰은 잘 쓰면 약이고, 제대로 쓰지 못하면 독이다. 약이 될지 독이 될지는 쓰는 사람에 따라 달라진다.

내 주변에는 휴대폰 배터리를 추가로 구입해 여러 개 가지고 다니거나 보조 배터리가 없으면 불안해하는 이들이 있다. 어떤 이는 휴대폰을 아예 하나 더 장만하기도 한다. 그만큼 전화를 많이 쓴다는 이야기다. 전화를 많이 쓴다는 자체가 나쁜 건 아니다. 어떻게 쓰는지에 따라 달라진다.

어떤 선배는 업무를 거의 전화로 본다. 자신이 직접 해도 되는데, 조금이라도 그 일에 관련된 사람이 있으면 전화나 문자를 해 일을 처리하게 만든다. 모르는 사람의 눈에는 하루 종일 전화를 붙들고 열심히 일하는 듯이 보이는데, 정작 스스로 하는 건 없다. 그리고 자신은 다른 사람에게 업무를 지시하니 '능

[■] '문자'는 카카오톡 등의 메신저도 포함해 얘기하는 것이다. 요즘은 다양한 소셜 미디어를 이용해 의사소통을 하다 보니 누구나 즉각적인 반응을 요구하는 것 같다.

력자'라고 생각한다. 다른 사람들을 장기판의 말로 생각하고 자신은 장기를 두는 사람이라고 생각하는 것이다. 상(象)이나 마(馬)를 부리는 것처럼 이리저리 말을 움직인다. 선후배 관계에서만 일어나는 일이 아니다. 나이의 적고 많음에 따라 발생하는 것만도 아니다. 흔히 말하는 갑을(甲乙) 관계가 형성되는 상황이라면 언제 어디서나 이런 일이 빈번하게 벌어진다.

그러나 전화를 받은 사람은 과연 장기판의 말이 되고 싶을까. 직접 해도 될 간단한 일도 전화로 "처리 좀 해줘"라든지, "그일 좀 부탁해요"라고 요구받은 그 사람의 심정은 어떨까. 그도 오늘 해야 할 일의 계획이 있을 것이다. 그런데 느닷없이 전화로 부탁을 받았다면? 난감할 거다. 때로는 그 요청이 과한 것이라 자신에게 버거울 수도 있다. 상대와의 관계를 생각하면 대놓고 거절할 수 없으니 해주기는 하는데, 마음속으로 이를 갈지도 모른다. 그 사람 전화가 스팸전화보다 더 싫을 수도 있다. 이런 사람들은 현직에서 물러나거나 갑을 관계가 바뀌면 문전박대를 당할 가능성이 크다.

반대의 경우도 있다. '을' 처지의 사람이 '갑' 위치의 사람에게 끈질기게 전화와 문자로 도움을 청하는 상황이다. 받는 입장에선 스팸전화, 스팸문자로 여겨질 것이다. 만약 그 부탁이 불법·편법적인 민원이라든지, 비합리적 요청이라면 더더욱 그렇다. 그럼에도 부탁하는 입장에서는 급한 마음에, 간절함 때문에 계속 전화하고 문자를 넣는다.

과유불급(過猶不及)이라고 했다. 요즘 세상에는 전화를 너무 많이 한다. 문득 생각이 나는 사람에게 안부 전화를 하는 건 기분 좋은 연락이다. 하지만 이런저런 용건이 있다며 하루 종일 전화기만 붙들고 산다면 무슨 일을 할 수 있겠는가. 가끔씩 마감이 임박하거나 긴급보도를 해야 하는데, 전화가 와서 대단치 않은 부탁을 하면 짜증부터 난다(오랜만에 걸려온 안부 묻는 전화는 절대 짜증나지 않는다. 바쁘면 나중에 얼마든지 다시 전화해서 기분 좋은 대화를 이어나갈 수 있다). 그래서 아내도 내게 전화를 자주 걸거나 전화로 긴 얘기를 하지 않는다. 긴급한 용건이 아니라면 집에서 직접 보고 대화하는 편이 낫다는 걸 서로 잘 알아서다.

'전화 좀 줄이고 살자'고 말하고 싶다. 아무리 여유가 있고 인품이 좋은 사람이라도 전화를 필요 이상으로 너무 자주 하면 짜증날 수 있다. 전화는 정말 필요할 때만 하고, 전화를 했다면 간결하게 의사를 전달하는 연습을 해야 한다. 누군가에게 전화를 한다는 것은 그 사람의 시간을 뺏는 행위일 수 있다. 문자도 마찬가지다. 곰곰이 생각해보면 전화해서 나누는 대화의 대부분이 뭔가 물어보거나 부탁하는 내용이다. 남에게 전화를 하여 말한다는 용건이 대개 그렇지 않은가. 내가 남에게 베풀 경우는 의외로 적다. 돈 부칠 테니 계좌번호 부르라는 전화면 좋겠으나 그런 전화 받는 일은 흔치 않다.

오해 없길 바란다. 나에게 전화나 문자를 하지 말라는 뜻이 아니다. 나는 전화 받기를 즐긴다. 문자가 오면 반갑다. 대개는 그렇다. 내가 누군가에게 연락하고 싶은, 연락해야 하는 사람으로 인식되는 건 고마운 일이다. 다만 급하지 않고 스스로 할 수 있는 일까지 모조리 전화로 처리하거나, 염치없이 수시로 문자를 통해 요청이나 청탁을 하는 세태에 경종을 울리고 싶을 뿐이다.

전화를 건 횟수와 받은 횟수의 비율이 '5 대 5'를 넘어가면 별로 좋지 않다. 이를테면 나는 열 번 전화를 했는데 상대방은 두 번 전화를 했다면 상대방은 부담을 느낄 수 있다. 글을 쓰고 있는 지금, 휴대폰의 최근 통화내역을 살펴보니 열 명에게 전화를 했는데, 수신 전화도 딱 열 개다. 수신과 발신의 수가 비슷하면 제대로 되고 있는 것이다.

전화를 길게 하다 보면 실수를 하게 돼 있다. 표정이 보이지 않기 때문에 사소한 오해가 생기기 쉽다. 대면하는 자리에서는 그 미묘한 뉘앙스를 알아차릴 수 있으나 전화로 마음이 상하면 풀기가 쉽지 않다. 점잖은 사람들은 기분이 나쁘다고 대놓고 말하지 않으니 오해가 생겼는지 알 수도 없다. 특히 남의 말을 옮기는 건 좋지 않다. 몇 차례 돌고 나면 전혀 다른 이상한 얘기로 변해 있다. 그래서 나는 될 수 있는 대로 중요한 이야기는 전화로 하지 않는다. 내가 여건이 된다면 금방 그 사람에게 찾아간다.

직접 사람을 만나면 행간을 읽을 수 있다. 잠시 침묵이 흐를 때 거기에는 어떤 의미가 있다. 굳이 말을 하지 않더라도 눈빛으로 상대의 의중을 읽기도 한다. 그러나 전화로 하다 보면 침묵이 어색하다. 무슨 말이라도 하여 침묵을 메우지 않으면 서먹서먹해질 것 같다. 그러면 말실수를 하기 쉽다.

동서고금을 통틀어 현자들은 말을 조심하라고 강조한다. 『성경』에도 '입으로 들어가는 것이 사람을 더럽게 하는 것이 아니라 입에서 나오는 것이 사람을 더럽게 한다'라는 구절이 있다. 공자는 남용이라는 사람이 『시경(詩經)』의 '옥의 티는 갈아서 없앨 수 있지만, 말의 티는 갈아 없앨 수가 없다'라는 구절을 하루에 세 차례씩 외는 것을 보고 그를 사위로 삼았다. 사람들은 대개 말조심해야 하는 걸 알지만 전화기에 대고 자기 말만 하다 보면 이상하게 의도치 않은 말들이 나온다. 애당초 전화를 지나치게 자주 하지 않으면 실수할 확률을 줄일 수 있다.

전화를 자주 하지 않았다는 이유로 욕을 먹을 때가 있다. 주로 연배가 있는 어르신들이 나를 야단친다. 그분들은 기업의 CEO, 임원이거나 정치계 원로다. 그런 분들께는 괜히 뭔가 얻어내기 위해서 연락하는 게 아닌가 하는 오해를 받을 것 같아서 나는 웬만하면 전화를 자제하는 편이다. 또 그만한 사회적 위치에 있는 분들이라면 얼마나 전화가 많이 오겠는가. 전화에서만큼은 나는 을이 되어, 갑이 시간 날 때 전화를 마음껏 하는 선택권을 주고 싶다.

그래서 오히려 그분들이 나에게 전화를 한다. 대신에 나는 전화를 잘 받는다. 그리고 반갑게 받는다. 늘 살갑게 응대하니 전화하는 사람들도 기분이 좋을 것이고, 다시 전화를 하고 싶어 한다. 나는 그들에게 문득 생각나는 사람이고 싶다. 만약 생방송 중이라서 전화를 받지 못하면 잘 기억해두었다가 반드시 '콜백(걸려왔던 번호로 다시 하는 전화)'을 한다. 전화를 했는데 받지 않으면 거는 사람의 속이 터진다. 그리고 전화를 받지 않는 건 기본 예의가 아니다.

한덕수 전(前) 국무총리가 콜백을 잘한다. 청와대 경제수석과 무역협회장도 지낸 분이다. 이 정도 위치가 되면 하루에 걸려오는 전화가 상당하고 참가해야 할 각종 회의나 행사도 마찬가지로 많다. 아무리 잘 받는다고 하더라도 전화를 놓칠 수밖에 없다. 그는 자신이 받지 못한 전화가 있으면 하나도 빼놓지 않고 시간이 날 때 다시 전화를 한다. 주중에 시간이 되지 않으면 주말에라도 꼭 한다. 국민의당 박지원 대표도 전화 관리를 빈틈없이 한다. 기자들 사이에서 박 대표의 별명은 '콜의원'이다. 언제 전화를 해도 박 대표는 전화를 받지 않는 법이 없다. 정 받지 못할 상황이면 반드시 나중에 다시 콜백한다. 그래서 박 대표는 기자들 사이에서 인기가 좋다.

전화도 다른 인간관계와 마찬가지로 예의가 필요하다. 예의란 형식이 아니라 '사랑과 배려'가 자연스럽게 드러난 양식이다. 역지사지(易地思之)로 상대방을 이해하고 배려한다면 전화로 청탁을 너무 자주 하거나 상대방을 괴롭히지 않을 것이다. 밤 12시가 넘어 취중 전화도 될 수 있는 한 자제할 것이다. 이 시간에 내가 전화를 받으면 기분이 어떨까, 다시 생각해볼 것이다. 또한 내가 무슨 용건이 있는데 상대가 전화를 받지 않을 때의 심정을 알기에 될 수 있는 한 전화를 잘 받을 것이다. 일상생활에 타인을 위한 사랑과 배려가 배어 있다면 전화를 할 때도 예외가 아닐 것이다. 타인을 편하게 생각하는 것과 존중하지 않는 것은 다르다. 이는 인간관계에 기본적인 덕목이라고 생각한다. 타인과의 예의와 존중을 지키려면 전화를 잘 거는 것 못지않게 잘 받는 것도 중요하다. 전화 걸기 전엔 연습할 수 있지만 오는 전화는 예기치 않게 울린다. 그래서 전화를 잘 받는 연습을 하라. 어쩌면 거는 것보다 받는 것이 더 중요하다.

어떻게 하면 전화를 잘 받는 건가요?
전화 잘 받는 노하우를 알려주세요.

별거 없어요. 항상 반가워하면서 받는 겁니다. 20년 만에 전화 온 사람이든, 의외의 사람이든, 어제 전화한 사람이든, 반가워하면서 받으면 돼요. 약간 상기된 톤으로 목소리도 좀 크게 하는 게 좋아요.

또 누가 전화했는지 뜨잖아요. 이름을 부르면서 반갑게 받는 거죠. "○○야, 잘 있었어? 목소리 들으니 진짜 반갑다!" 이런 식으로요. 모르는 번호라도 반갑게 받으세요. 가까운 사람인데 번호가 바뀌거나 깜빡하고 번호 저장을 못했을 수도 있죠. 혹은 친하지 않거나 한 번도 본 적 없는 사람이 한 전화라도 반갑게 "여보세요, 안녕하세요" 하면 어떤가요. 손해 볼 거 하나도 없어요. 그렇게 힘든 일도 아니고요.

전화는 하는 것보다 받는 게 중요해요. 사회생활하면서 누군가에게 전화를 건다는 건, 뭐가 필요하다는 뜻인 경우가 많거든요. 물론 순수 안부 전화도 있죠. 그래도 보통은 용건 있어야 번호를 누르게 됩니다.

그렇기 때문에 나한테 전화가 온다는 건 뭔가 필요해서 전화 걸었다고 볼 수 있어요. 잘 받는 게 왜 중요하냐면, 내가 너를 도와주겠다는 표현이거든요. 사회생활은 누군가에게 지시하고 요청하면 누군가는 그걸 해주는, 대부분 그런 것들이 많잖아요. 상사와 부하 간의 관계여서일 수도 있고, 거래처여서일 수도 있고, 아니면 진짜 친구가 급해서 부탁하는 것일 수도 있죠. 어쨌든 "좀 해줘"라고 전화했는데 반갑게 받으며 "물론이지"라고 답한다면 그 사이는 좋아질 수밖에 없습니다.

또 사회적 지위가 높은 사람들은 도와달라는 전화를 많이 받을 수밖에 없어요. 그래서 저는 그런 분들에게 거의 전화를 안 해요. 오해를 살 수 있거든요. 힘 있는 사람한테 민원성 전화는 하지 마세요. 오는 전화는 반갑게 받고요. 그러면 주위에 사람들이 많아질 겁니다.

사의를 저버리고
공의라고 핑계 대지 마라

눈앞의 이익을 보면 그것을 취함이
의리에 맞는지 먼저 생각해야 한다.
– 『논어』

사익 챙기는 대의는 없다

나는 이 글에서 『안티고네』 와 같이 철학적인 논쟁을 하려
는 것이 아니다. '정의란 무엇인가?'라는 다소 사변적인 물음은
사회학자나 철학자에게 맡기겠다. 사람들이 들었을 때 이해할

■　소포클레스가 그리스 신화 속 오이디푸스의 딸 '안티고네'를 주인공으로 쓴 비
극. 이 이야기는 모순적 상황으로 인해 많은 철학적 분석의 대상이 됐다.

수 있는 상식적인 이야기를 하려고 한다.

'공의(公義)를 핑계로 사의(私義)를 저버리지 말라'는 말은 다소 의아하게 들릴 수 있다. 사의가 공의보다 중요하다는 말인가? 아니다. 이 말의 핵심은 '핑계'다. 당초 목적이 공의나 대의가 아니라 사익인 경우가 많다는 얘기다. 공의를 핑계로 자신의 이익을 챙기고 소중한 인간관계를 저버리는 행위는 아주 비열한 짓이다.

이를테면 '나는 장차 사회와 국가에 도움이 되는 일을 하기 위해 내게 소중한 사람을 밟고 올라가야겠다'는 식의 논리가 허용되어서는 안 된다는 것이다. 결과가 좋으면 모든 것을 용서받을 수 있다는 생각은 매우 위험하다. 이는 마약퇴치기금을 조성하기 위해 마약을 파는 행위와도 같다. 또한 자신이 챙길 것은 다 챙겨놓고 '어디까지나 공의를 위해 한 일'이라고 말하면 안 된다. 자기 자신은 속이거나 합리화할 수 있을지 몰라도 사람들의 눈을 모두 속일 수는 없다.

과거에 실제 있었던 일을 예로 들어보자. 모 기업 회장의 운전기사가 회장의 개인적인 통화를 옆에서 듣고선 비리혐의로 회장을 검찰에 고발한 사건이 있었다. 그런데 이 운전기사는 앞서 회장을 협박하여 돈을 요구했고 일이 생각대로 안 풀리자 사회정의를 핑계로 신고한 것이다. 공의를 핑계로 사익을 취하려 하고 인간관계도 저버린 사례다.

또한 모 국회의원 뇌물수수 사건을 봐도 운전기사가 먼저 돈 가방을 절도해 집으로 가져간 뒤 국회의원이 도난 신고를 하자 운전기사가 뇌물로 받은 돈이라고 검찰에 신고해 결국 국회의원이 감옥에 갔다. 역시 공의를 핑계로 사익을 취하려다 사의를 저버렸다고 볼 수 있다. 물론 그 의원은 큰 잘못을 저질렀다. 결코 그를 편드는 건 아니다.

이 밖에도 기업의 회계 담당자가 불만을 품고 회사를 나와 국세청에 회사의 비리를 제보하는 경우도 많이 봤다. 본인의 요구가 관철되지 않자 공의를 핑계로 사의를 저버린 것이다. 이를 온전한 공의라고 볼 수 있는가.

정치권에도 비슷한 일이 많다. 소위 양심선언을 통해 개인적 신의를 버리고 공의를 부르짖다가 개인의 이익을 챙긴 사람들이 있다. 물론 이런 정치인들이 개인적 이익을 계산하지 않았을 수 있다. 하지만 결과적으로 자신에게 큰 혜택이 돌아갔다면 행위의 순수성을 의심받을 수밖에 없다. 처음부터 공의가 목적이 아닌 것 아니었냐는 의심을 받는 것이다.

의도가 어찌 됐든 잘못이 밝혀지고 그에 대한 처벌을 받으면 그것이 정의 아니냐고 반문할지도 모르겠다. 언제 어디서나 떳떳하게 행동한다면 가까운 사람의 배신을 두려워할 필요 없는 것 아니냐고 되물을지도 모른다. 하지만 그렇지 않다. 공의에 사익이 개입되면 문제가 발생한다. 공의를 핑계로 사익을 챙기는 일이 반복되면 멸사봉공(滅私奉公)의 자세로 행동한 사람들까지 저의를 의심받는 일이 생긴다. 공의의 취지도 탈색된다. 또 가까운 사람과의 의를 저버리는 일이 아무렇지도 않게 여겨질 수 있다. 처음에는 개인에게 이득이 생길지 몰라도 결국에 주위 사람이 모두 떠나고 아무도 가까이 오려고 하지 않을 것이다. 결국 큰 손해다.

안중근 의사나 윤봉길 의사가 개인적 이익을 생각하고 독립운동을 했겠는가. 공의를 행할 때는 오직 공의만 생각해야 한다. 온전한 공의는 사익이 개입해선 안 된다. 공의를 지렛대 삼아 소중한 인간관계를 버린다면 이것은 인생의 허무함으로 이어질 수 있다.

가족 앞에서 떳떳할 수 있는가 ⋮

우리는 어릴 때부터 공의와 사의가 충돌하면 공의를 우선하라고 배워왔다. 그러나 공의를 전가(傳家)의 보도(寶刀)처럼 휘둘러 자기 욕심을 채워서는 안 된다. 2천 년 전 공자는 '이익이 생길 것 같으면 그것이 과연 옳은지 생각하라見利思義'고 했다. '의롭지 않게 부귀해지는 것은 내가 뜬구름처럼 되는 것과 같다不義而富且貴 於我如浮雲'고도 했다. 또 정치가 무엇인지를 묻는 제자 자하의 질문에는 '작은 이익을 보면 큰일을 이룰 수 없다見小利則大事不成'고 대답했다.

나 역시 유혹을 받을 때가 있었다. 취재원에게 들은 정보로 특종 보도를 할 수 있는 상황이 되면 공의와 사의 사이에서 고민에 빠진다. 취재원의 동의 없이 보도하면 그와의 신뢰가 깨지기 때문이다. 난 가능하면 취재원과의 의리를 더 중요시 여기는 편이다. 만약 그 내용이 기관 비리나 공인의 부도덕 같은 것이면 취재원에게 어떻게 해결하는 것이 좋은지 조언을 준다. 끝까지 해결되지 않으면 취재원을 설득해 보도하기도 하지만 취재원이 곤란해질 상황은 되도록 만들지 않는다. 언론인의 펜과 혀끝에서 나오는 한마디가 얼마나 많은 파장을 불러오는지 알기 때문에 섣불리 처신할 수 없다.

공익과 사익 사이에서 어떻게 하는 것이 진정 의로운 행동인지 판단하기 어려운 상황도 있다. 그럴 때는 나만의 기준이 있다. '내 아들, 딸들에게 내 행동을 납득시킬 수 있겠는가' 하고 생각해보는 것이다. 만일 내가 국가의 미래를 위해 모종의 거래를 하고 특정 정당의 편을 들어주거나, 약자의 편에 서기 위해 사실이 아닌 것을 보도했을 때, 아이들이 "왜 그랬어요?"라고 묻는다면 뭐라고 대답하겠는가. "좋은 일을 하기 위해선 양심에서 벗어나는 일을 할 수도 있다"고 답할 수 있겠는가. 나의 행동을 본 아이들이 훗날 공익을 빙자해 사욕을 챙기고 나서 "이게 모두 잘되자고 한 일이에요"라고 한다면 난 무슨 생각이 들겠는가.

노무현 전 대통령의 최측근이던 안희정 충남도지사는 2003년 정치자금법 위반 사건에 연루돼 1년간 수감생활을 한 바 있다. 당시 안 지사는 재판 과정에서 혐의를 인정하며 "무겁게 처벌해달라"고 했다. 관행적인 돈 선거의 책임을 대표로 지는 것이었지만 "왜 나만 처벌하냐. 시켜서 한 일이다"라고 하지 않았다. 또 출소 뒤에도 노무현 정부에서 공직을 맡지 않으며 대통령의 부담을 덜어주려 애썼다. 공의를 저버리지 않으며 사의도 잘 지킨 예로 볼 수 있지 않을까. 박근혜 전 대통령 주변 인물들의 모르쇠 전략, 떠넘기기 행태와 너무나 비교된다. 이들에겐 공의도 사의도 보이지 않는다.

만약 자신이 잘 알고
좋아하는 지인이
비리에 연루됐다는 제보를 받으면
어떻게 하시겠어요?

저와 잘 아는 사람이면 어떻게 된 일인지 물어보고 가능하면 도와줄 방법에 대해 고민할 겁니다. 언론, 방송 쪽 일을 오래 하다 보니까 그렇더라고요. 다들 죄인이라고 손가락질해도, 그 사람 얘길 들어보면 억울한 점이 꼭 있어요. 2016년 8월 박근령 전(前) 육영재단 이사장(박근혜 전 대통령 여동생)이 특별감찰관으로부터 사기죄로 고발당했다는 뉴스가 나온 적이 있습니다. 박근령 전 이사장과 친분이 있던 저는 바로 전화해 확인했습니다. 여러 정황상 억울한 점이 있다고 봤습니다. 그래서 저는 방송에서 "고발에 문제가 있다"고 얘기했죠. 이후에 박근령 전 이

사장은 제 프로그램에 출연해 자신이 처한 상황을 들려주기도 했습니다. 피의자에 대한 지나친 반론권 제공 아니냔 지적도 있었지만 제 판단에 확신이 있었습니다.

잘못한 게 있다면 공개적으로 지지할 순 없겠죠. 하지만 뒤에서 얘기를 들어주고 도와줄 순 있다고 생각해요. 제가 믿는 사람이라면요. 100퍼센트 악인이 어디 있겠습니까. 하늘을 우러러 한 점 부끄럼 없는 사람은 드물죠. 비리를 저질렀다 해도 억울한 측면이 있을 수 있어요. 그 작은 억울함이라도 들어주자, 하는 게 제 생각입니다.

모르는 사람이라면 어쩔 수 없지만 믿는 사람이라면 적어도 그래야 하지 않나요? 그렇지 않을 거면 이제까지 그 사람과 관계를 쌓아올 이유도 없죠. 똑같이 돌을 던질 사람이었다면 처음부터 만나지 말았어야죠. 다들 돌 던지는 상황에서라도 그 사람에게 이게 사실이냐, 어떻게 된 일이냐, 정도는 물어보는 게 맞다고 봅니다. 억울한 면이 있다면 옆에 있어줘야죠. 그런 다음 바른 길로 인도하려 애쓰는 게 순서입니다. 무조건 욕하고 비난하고 공개재판을 받도록 하기 전에 말이죠.

6

사근취원
하지 마라

상대에 따라 태도가 달라지는 사람과는
가급적 비즈니스를 하지 않는 게 내 원칙이다.
- 브렌다 반스

나를 이끌어준 아버지의 유언 ●

아버지는 내가 초등학교 6학년 때 쓰러졌다. 수술을 받았지만 하체가 마비돼 3년 동안 거동을 하지 못했다. 자신의 삶이 얼마 남지 않은 것을 안 아버지는 독한 병마와 싸우는 와중에도 틈이 날 때마다 나를 불러 한마디 조언이라도 더 전해주려고 애썼다.

"사근취원近取遠 하지 마라."

이는 아버지의 유언이었다. 나와 가까운 사람부터 챙기란 의미였다.

"가족부터 잘 보살펴라. 가족에게 잘못하면서 먼 사람에게 잘해봐야 소용없어. 그리고 너하고 가까운 사람과 잘 지내야 한다. 친구, 동료, 상사, 선배, 후배. 그들에게서 인정받지 못한다면 헛일이야. 가끔씩 보는, 친하지 않은 사람들에게서 인정을 받는 건 두 번째다. 너는 가까이 지내는 사람을 꼭 네 사람으로 만들어라. 지금은 이해하지 못할 수 있지만, 언젠가 꼭 깨달을 날이 올 거다. 이것만 마음에 새기고 살아도 삶을 크게 실패하지 않을 거야."

아버지의 말대로 나는 한동안 그 진의를 파악하지 못하고 지냈다. 좋은 말이 많은데 왜 하필 '사근취원하지 말 것'을 그렇게 강조했을까, 하고 의아해하기도 했다. 그러다가 고등학교 때가 되어서야 나는 아버지가 내게 가장 큰 선물을 주었음을 알 수 있었다.

학창 시절에 나는 늘 솔직하며, 옳지 않은 일을 보면 그냥 있지 않았다. 틈틈이 돈도 벌면서 공부와 운동도 열심히 했다. 덕분에 주위에 친구가 많았다. 가장 가까이 지내는 아이들이 나에 대해 좋은 말을 하기 시작하자, 그게 점점 번져나갔다. 누가 나를 헐뜯으려고 하면 주위에서 두둔하고 나섰다. 가까이 있는 친구들을 챙긴 덕분이었다. 이후에 나는 아버지의 유언을 잊지 않고 '절친'들에게 성심을 다했다.

이는 대학, 군대, 직장까지도 이어졌다. 누구나 알겠지만 군대에서는 동기들과 잘 지내지 않으면 시쳇말로 '군생활이 꼬인다'. 어떻게 하더라도 국방부 시계는 돌아가겠지만 괴로운 생활이 확실히 보장된다. 이를테면 비품을 잃어버렸는데 얼차려를 덜 받겠다고 동기를 배신한다거나 하면 그는 외톨이 신세가 된다. 바로 위 기수나 아래 기수와도 잘 지내야 한다. 군생활을 가장 오래 같이하는 사람들이기 때문이다.

가까운 사람부터 확실한 내 편으로 ●

언론사에 들어와서도 나는 동료들과 잘 지내려고 애썼다. 내가 부장이 된 후로는 차장과 가장 많은 대화를 했다. 대개 언론사의 부장은 권한이 많다. 기자들이 발제하는 기사 중 어떤 것을 고를지, 취재 방향을 어떻게 잡을지 등에 있어 부장의 영향력이 크다. 축구에서 감독과 마찬가지 역할을 한다. 그 정도로 부장의 역할은 크고 중요하다. 언론사에서 부장과 기자들의 중간에 있는 차장은 고달프다. 취재는 취재대로 해야 하고, 부장의 지시를 잘 받들면서도 기자들을 관리해야 하니 스트레스가 많을 수밖에 없다. 그래서 부장과 의견 충돌이 제법 생기는 편이다. 기자들은 까마득한 선배인 부장에게 건의는 할 수 있지만 논쟁을 벌이기는 어렵다. 문제가 있다고 생각하면 차장이 부장에게 대들기도 한다. 그러나 언쟁하고 있을 시간조차 없어, 차장의 의견은 묵살되는 일이 잦다. 언론사에서는 시간을 초 단위로 쓴다. 마감을 하지 못하면 아무리 좋은 기사라도 소용없다. 다른 언론사와 보도 순위 경쟁에서 밀려도 안 된다. "알았으니까, 넘어가자고!"라는 부장의 한마디면 교통정리가 끝난다.

부장은 차장의 의견을 너무 쉽게 들어주다가는 자칫 기자들 사이에서 자신이 무능해 보여 실권을 잃을 수도 있다고 우려하기도 한다. 차장이 자신에게 칼을 겨누어 몰아낼지도 모른다는 불안감에 사로잡힌 부장도 있다. 어떤 부장은 자신의 권위를 세우려고 차장을 희생양으로 삼곤 한다. 이른바 '시범 케이스'로 당하는 건 차장들이 단골이다.

나는 차장을 상사 모시듯 했다. 커피를 타주고 어깨를 주물렀다는 것이 아니라 행여나 심기를 건드리거나 기가 죽지 않게 하려고 노력했다는 얘기다. 책임은 모두 내가 지고, 권한과 권위는 차장에게 주었다. 편집회의도 차장이 주관하게 했다. 나는 처음 1분 '모두 발언'만 하고 차장이 기사를 정하고 기자들에게 취재를 지시하게 했다.

그래서 기사의 질이 나빠졌는가. 아니다. 차장이 부장보다 경력이 적어 기사에 대한 안목이 좀 부족한 경우는 있다. 하지만 자신이 부장의 일을 한다는 생각에 안간힘을 썼다. 더 많은 자료를 찾아보고, 더 많이 공부하고, 기자들과도 더 많이 소통하려고 애썼다. 노력하는 사람을 따라올 자는 없다.

내 권위가 떨어졌는가. 그것도 아니다. 권위는 억지로 만든다고 생기지 않는다. '나를 존경하라'고 아무리 외쳐봐야 소용 없다. 부하 직원에게 권한을 위임하는 건 대개 두 가지 상황에서 벌어진다. 게으르고 멍청한 상사이거나, 게으르지만 똑똑한 상사가 있을 때다(부지런한 상사는 권한을 잘 넘기지 못지 않는다). 상사가 너무 무능하여 도저히 일을 따라가지 못하면 아래에 일을 떠맡긴다. 그러나 똑똑하고 게으른 상사는 모든 상황을 정확히 읽고 있다. 이들은 부하 직원에게 권한을 대폭 이양한다. 사람은 자기를 믿어주는 사람에게는 목숨까지 바칠 수 있는 법이다. 내가 차장과 취재기자 후배들을 믿고 맘껏 기사를 쓸 수 있게 하자 그들은 나를 더욱 신뢰하고 따르게 됐다.

정계나 재계에는 대중으로부터 인기를 얻고 있지만 가까운 이들에게 인정받지 못하는 사람들이 있다. 대중은 그 사람의 진면목을 모르기 때문에 '반짝 인기'를 얻을 수는 있지만 그 인기는 하늘에 떠 있는 구름과 같다. 한때 대선 후보로 나왔던 모 국회의원도 그렇다. 유세장에서는 웃음을 띠지만 주변 사람들에게 베푸는 데 인색하다. 보좌관들도 대놓고 불만을 토로하지는 못했으나 속내를 들어보면 불만이 목 끝까지 차올라 있었다. 결국 그 의원에 대한 대중적인 인기도 점점 흘러가버렸다.

간혹 자신의 아이는 챙기지 않으면서 상사나 권세가의 자녀에겐 선물을 주는 사람들도 있다. 참 어처구니없다. 이것은 잔기술이다. 사람에게 감동을 주는 것은 기술이 아닌 '태도'다. 평소의 태도와 행동이 축적되고 습관이 되어 자연스럽게 배어나면 사람들도 그런 인품에 이끌리게 된다. 그러나 목적을 품고 다른 사람에게 교언영색(巧言令色)하는 사람들은 뒤끝이 좋지 못하다. 마음에서 우러나는 것도 아니고, 습관이 아니기에 지속적이지 않다. 선물을 받는 사람도 이미 속셈을 알고 있을 가능성이 높다.

부모에게 용돈을 정기적으로 드리고 가족 선물을 사고도 돈이 남으면, 그때 남을 챙겨라. 사실 나도 가족들에게 좋은 남편, 좋은 아버지는 못 된다. 그래서 늘 미안하다. (다 가족을 위해서라는 핑계를 대지만) 나는 집에 늦게 들어가고 주말에도 바쁜 날이 많다. 그러나 늘 가족들에게 애틋한 마음을 가지고 있다. 그래서 결혼기념일과 아들, 딸 생일 선물만큼은 잊지 않고 챙기는 편이다. 앞에서 밝혔듯 나는 물질에도 마음이 담겨 있다고 믿는다.

자신의 삶이 진실해야 가까운 사람도 잘 챙길 수 있다. 한두 번 만나는 사람들에게 잘 보이는 건 '기술'로도 할 수 있다(물론 오래가진 않는다). 그러나 가까운 사람들은 기술로 절대 속일 수 없다. 진실한 삶의 태도, 감사한 마음을 갖추지 않았다면 할 수 없다. 그런 태도로 살면 삶을 향한 무한한 열정이 생긴다. 나는 아버지의 유언을 아직도 소중히 간직하고 산다.

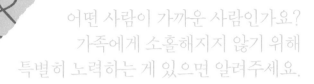

어떤 사람이 가까운 사람인가요?
가족에게 소홀해지지 않기 위해
특별히 노력하는 게 있으면 알려주세요.

가까운 사람이라고 하면, 제 기준에서는 가족, 절친, 그리고 저의 멘토들입니다. 다른 사람들도 마찬가지 아닐까요? 무엇보다 가족이 가장 가까운 사람이겠죠. 인맥을 자랑하는 사람들이 의외로 가족에겐 소홀한 경우가 많습니다. 친구와 선후배 챙긴다며 가족은 거들떠보지 않는 거지요. '가족은 항상 곁에 있으니 날 떠나지 않을 것'이란 생각 탓에 이런 잘못을 저지르는 겁니다. 사실 저도 가족에 충실하냐고 묻는다면 자신 있게 '그렇다'고 할 수만은 없습니다. 하지만 우선순위에서 그 무엇에도 밀리지 않는다는 건 분명합니다.

저는 가정을 꾸린 이후에 꼭 지키는 게 있어요. 매주 일요일 저녁은 가족이 모두 모여 식사를 하는 겁니다. 참고로 저는 자녀가 넷입니다. 아들은 독립을 했지만, 그날만큼은 집으로 와서 다 같이 밥을 먹어요. 연휴 때면 항상 가족 여행을 가고요. 돈이 들더라도 길게, 멀리 가요. 추억거리를 많이 만들려고요. 추억은 엄청난 자산이라고 생각합니다. 또 틈틈이 아이들하고 산책도 하고 영화도 보러 갑니다. 그러다 보니 대화가 끊이지 않아요. 자주 보는 사람과 오히려 할 얘기가 더 많잖아요. 아이들의 연애 상담도 구체적으로 하죠. 내가 가족한테조차 인정 못 받는다면 어디 가서 인정받겠어, 하는 마음으로 챙깁니다.

대선 주자로 거론되는 모 의원은 주변 사람들이 많이 떠났어요. 최측근들마저 다 등을 돌린 상황이죠. 그래서 지금은 가장 멀리 있는 시민들의 지지만 받고 있는 형국입니다. 모 재벌그룹 회장 같은 경우도 그렇잖아요? 가장 가까운 가족이 다 떠났어요. 지금은 회사 사람 몇몇만 곁을 지키고 있죠. 이게 다 사근취원의 결과겠죠.

자주 보는 사람이 가까운 사람입니다. 항상 곁에 있으니 계속 날 지켜줄 것 같지만 그렇지 않아요. 바로 옆에 있는 사람 먼저 챙기세요.

3장

인간관계의 확장, 그리고 정리

공유하되
때때로
차단한다

1

소중한 사람은
나눠라

세상은 공허한 곳이지만, 나와 같이 생각하고 느끼는
누군가가 있다는 사실을 알면 지구는 사람이 사는 정원이 될 것이다.
- 괴테

인맥은 나눌 때 더 커지는 화수분 :

좋은 인맥은 '오픈'하고 공유해야 한다. 내가 만난 인맥 관리의 고수들은 모두 그랬다. 그러나 그릇이 작은 사람들은 절대 자신의 인맥을 다른 사람과 나누려 하지 않는다.

■ 인맥을 공개하고 모두가 접근할 수 있게 한다는 의미로 썼다. 1장에서 '나를 오픈하다'라고 쓴 것과 약간 다른 뜻이지만 이해하는 데 문제는 없다고 본다. '인맥을 오픈하다'는 형태로 표현하겠다.

내게 이런 인맥 관리의 비밀을 가르쳐준 분들이 있다. 현재 에버영코리아의 정은성 대표는 기자 시절 청와대를 출입하며 인연을 맺게 되었다. 나의 인맥은 정 대표 덕분에 당시 장흥순 벤처기업협회장(현 삼우가이트 대표), 정몽진 KCC 회장, 정몽석 현대종합금속 회장, 김기홍 노브랜드 회장 등 재계 주요 인사는 물론 권노갑 김대중기념사업회 이사장 등 정계 주요 인사들, 김진명 작가 등 문화예술계까지 뻗어나갔다. 그래서 그의 인맥 지도는 나의 것과 대부분 일치한다. 그 정도로 아낌없이 나에게 베풀었다. 나도 그에게 성의를 다했다. 나와 친한 성품 좋은 선후배와 동료들을 소개해주자 그도 기뻐했다. 우리는 흉금을 터놓는 사이가 됐고, 우리 집 막내 이름도 정 대표가 지어줄 만큼 가족끼리도 절친하게 됐다.

시공테크 류장림 대표도 내게 가르침을 주었다. 어느 해 여름, 가족 여행 목적지인 태국으로 향하는 비행기 안에서 그를 만났다. 긴 비행 시간 내내 많은 대화를 나누었는데 귀국 후에도 인연이 이어졌다. 류 대표는 한마디로 '인물'이다. 술자리에서는 신나게 놀고, 맡은 일에는 빈틈이 없다. 그는 나에게 뭔가 해줄 것이 없는지 찾아서 베풀었다. 가장 놀라운 건 자신의 소중한 인맥을 모두 오픈했다는 것이다. 예를 들어 앞에서 말한 아주대학교 김동연 총장도 류 대표가 소개했다. 류 대표는 덕수상고 출신인 김 총장의 고교 후배다. 김 총장은 내가 이미 알고 있었지만, 그를 통해 다시 소개를 받아 사이가 더욱 각별해졌다. 덕수상고 동문이 모일 때 준(準)덕수상고 동문(?) 자격으로 참석할 정도로 이분들과 친하게 지내고 있다.

허은영 캠코 이사도 마찬가지다. 기업은행 근무 시절부터 주변에 좋은 사람들을 항상 소개해줬다. 허 이사는 점심과 저녁 식사 시간을 이용해 삼삼오오 모이는 모임을 여럿 만들었는데, 나도 자주 참석했다. 그 모임에 갈 때마다 훌륭한 인품을 가진 각계각층의 분을 많이 만날 수 있었다. '금융가 대표 마당발'이란 별명만으로는 모자라단 생각이 들었다.

인맥을 오픈하면 나에게도 도움이 된다. 만날수록 계속 좋은 인맥을 소개해주는 사람과, 10년이 지나도 그 주변의 인맥을 볼 수 없는 사람 중, 당신은 누구에게 더 호감을 가지겠는가. 또한 좋은 인맥을 계속 소개하면 '저런 좋은 사람들과 사귀고 있다니 다시 봐야겠다'고 여기게 된다.

정은성 대표가 청와대에서 비서관으로 근무하던 때 그는 40대 초반이었고, 나는 30대 중반이었다. 우리는 여섯 살 차이가 났다. 내가 만약 언론인의 길을 걷지 않고 일반 기업에 다녔다면 고작 대리였을 테고, 사법고시를 합격했더라도 평검사를, 정치에 발을 들여놓았더라면 아직 보좌관을 하고 있을 것이다.

그런데 정 대표 덕택에 그 나이에 인연 맺기 어려운 사람들을 만날 수 있었다. 비록 수입이 넉넉하진 않았지만 나는 기자로서 자부심을 느꼈다. 다른 길을 걸었다면 감히 얼굴 보기도 힘든 분들을 만나 지혜와 경륜을 배우는 기회를 얻었다. 생각하면 할수록 축복이자 감사하다. 나는 그 고마움을 동료나 선후배들과 기꺼이 나눴다(기자라는 직업을 가졌기에 인연을 만들 기회가 많았던 것은 사실이지만 그렇다고 기자라고 누구나 좋은 인연을 많이 맺을 수 있는 것은 아니다. 나는 상대에게 좋은 에너지를 주는 사람이 되려고 항상 노력했다. 반대로 기자가 아니라고 이런 인연을 만들 수 없는 것도 아니다. 내 주위엔 회사원이면서 근무 시간 외에 다양한 대외 활동으로 인맥을 넓히는 사람이 무척 많다).

　나도 그분들이 한 것처럼 인맥을 공유했다. 모임에 참석하고 있더라도 우연히 옆 테이블에 내가 아는 누군가가 있으면 빼놓지 않고 소개했다. 좋은 사람이라고 생각하면 일부러 후배를 술자리에 데리고 나오기도 했다. 이런저런 자리를 만들어 함께 어울릴 수 있도록 다리를 놓았다. 골프를 칠 때도, 다른 모임을 할 때도 나는 일부러 그렇게 했다.

　나랑 친한 후배들은 내 인맥을 다 꿰고 있다. 때로는 내가 소개해준 사람인데 나보다 더 친해지기도 한다. 그러나 나는 사람을 뺏길까봐 걱정하지 않는다. 나를 빼고 만나는 것도 당연히 상관없다. 그 관계를 맺는 데 내가 매개가 됐으니 두 사람이 이야기를 나눌 때 나를 한 번이라도 더 떠올릴 것 아닌가.

새로운 만남은 불쑥 찾아오는 경우가 많다. 그래서 난 약속을 미리 잡지 않은 상태에서 갑자기 불러내도 내가 좋아하는 사람의 요청이라면 99퍼센트 나간다. 참석하지 못하는 1퍼센트의 경우는 매우 중요한 일이 있거나 정확히 겹치는 선약이 있을 때뿐이다. 이렇게 나가면 좋은 사람을 소개받게 되곤 한다.

간혹 자신이 아는 유명한 사람 몇몇을 시도 때도 없이 불러 자신의 세를 과시하려는 사람도 있긴 하다. 이런 건 인맥 공유가 아니다. 그 사람을 소개해주고 싶은 것이 아니라 그저 '나, 이 사람 안다' 하고 자랑하고 싶은 것이다. 유치한 동기의 발로다. 나도 얼굴이 좀 알려지면서 자꾸 불러내는 사람이 몇몇 있었다. 그들의 불손한 의도를 알게 된 뒤로는 그 같은 부름에 잘 응하지 않는다.

내가 인맥을 공유하자, 동료나 선후배들도 나에게 사람을 소개해줬다. 인맥은 오픈하고 나눌수록 더 커지는 화수분이다. 나의 인맥과 다른 사람의 인맥이 만나 네트워크와 네트워크가 결합한 '그물망'이 된다.

인맥을 나누지 않는 사람들의 속마음을 들여다보면, 자신에게 중요한 이를 뺏기지 않을까 하는 두려움이 있다. 자신이 '써 먹을 기회'를 다른 사람이 가져갈 수 있다고 생각하는 것이다. 그런데 사람을 어떻게 뺏고 뺏길 수 있는가. 사람이 사람을 소유할 수는 없다. 인맥을 공유하지 않는 사람들에게는 언젠가 그 인맥을 이용하겠다는 얄팍한 수가 있다. 그들은 소인배다. 그러다 결국 그 소중한 사람마저 놓치기 마련이다.

인맥 공유의 원칙 •

인맥 공유에서 중요한 원칙이 있다. 자신이 생각했을 때 훌륭한 사람이 아니라면 남에게 소개하면 안 된다. 만약 그랬다가는 원래의 인맥도 잃게 되고, 소문이 번져 다른 소중한 인연에게도 나쁜 영향을 미친다.

소중한 인맥을 절대로 공유하지 않는 선배가 있었다. 자신이 중요하다고 생각하는 사람은 몰래 통화하거나 혼자 만났다. 그리고 골치 아픈 사람들만 내게 소개했다. 끊임없이 뭔가를 해 달라고 조르기만 하는 사람들이었다. 원래 그런 청탁은 자신이 받아 해결해야 했지만, 나에게 떠넘겼고 대신 노른자 인맥은 자신이 모두 독점했다.

재계 인사들로부터 소개받은 인맥 중에도 그런 사람들이 있었다. 음주운전을 하다가 경찰에 걸렸는데 높은 분을 통해 해결해달라는 둥, 투자를 받아야 하는데 누구에게 다리를 놓아달라는 둥, 어떤 기업을 취재해야 하는데 회장님을 소개해달라는 둥, 무리한 부탁을 하는 얼굴 두꺼운 이들이었다. 내가 어떻게든 부탁을 들어주고 싶은 좋은 사람들은 정작 이런 부탁을 하는 경우가 없다. 그런데 별로 친하지도 않은, 내가 그리 좋아하지 않는 사람들은 부탁이 잦다.

좋은 인맥을 독차지하고, 골치 아픈 인맥을 떠넘기는 사람들은 대부분 말로가 별로다. 앞에 언급한 선배는 기자생활을 더 이상 하지 못하고 헤매고 있다. 물론 자신이 원치 않는 길이다. 좋은 인맥을 독점하고자 했던 다른 사람들도 원하는 일을 성공적으로 이뤄냈다는 소식을 거의 듣지 못했다. 주위에 진정으로 그를 도울 사람이 없는 탓이다.

인맥 관리에서 중요한 원칙이 하나 더 있다. 그 사람의 직급이나 직위에 너무 연연해서는 안 된다는 것이다. 선배로부터 떠넘기듯 소개받은 '골치 아픈 사람들'은 대부분 사회지도층의 위치에 있었다. 겉으로는 대단해 보였지만 그들의 행태를 확인한 내 눈에는 내리막을 달리는 사람들이었다. 번드르르한 겉모습만 보아서는 안 된다. 인품과 지혜, 실력을 보아야 한다. 지금은 하찮은 일을 하지만 언젠가 큰일을 할 사람도 있다. 그런 사람은 도와줘야 한다.

뻔한 얘기라 할지 모르지만 가장 우선해야 할 원칙은 바로 '존중과 배려'다. 사실 이게 말처럼 쉽지 않다. 관계를 만들면 '이 인맥을 통해 도움을 받아야겠다'고 생각하는 게 보통이다. 그런데 다른 사람을 이용하려고 들면 내 주위에도 꼭 그런 사람들만 모이기 마련이다. 반대로 내가 베풀려고 하면 마찬가지로 내게 베풀어주려는 사람들이 모일 것이다. 사람에게 진실한 마음을 줘야 한다. 그렇지 않으면 서로를 이용하려고 하는 거래 관계만 남는다.

세상사는 우연의 연속처럼 보이지만, 사실은 필연으로 이뤄진다. 모든 것은 뿌린 대로 거둔다. 쪼잔하게 소인배처럼 군다면 설령 좋은 인맥을 만나도 소용없다. 그 사람이 나를 다시 만나려고 하지 않을 가능성이 높다. 따라서 좋은 인맥을 만들고 오픈하기 전에 끊임없이 자기를 닦아나가야 한다.

인맥을 공유할 때
어떤 기준이 있나요?
어떤 사람에게 어떤 사람을
소개하는 거죠? 사람을 자연스럽게
소개하는 방법이 있나요?

글쎄, 딱히 기준이 있다고 보긴 힘드네요. 철저히 주관적인 건데요, 제가 생각했을 때 좋은 사람들이면 서로 소개해줍니다. 제가 계속 '좋은 사람'이라는 표현을 하고 있는데, 이 말을 다르게 표현할 방법이 없네요. 여러 유형의 좋은 사람이 있으니 한 가지로 얘기하기가 어려워요. 그래서 그냥 '내가 느낄 때 좋은 사람'이 기준입니다.

그리고 일단 서로에게 폐를 끼치지 않을 것 같아야 소개해줄 수 있어요. 하는 일이 경쟁 관계에 있거나, 종교적 신념이 아주 확고한 경우, 딱 봐서 스타일이 너무 달라 어울리기 힘들 듯하면 소개하지 않습니다. 저 같은 경우엔 동성 간이 조금 더 연결해주기 편한 것 같아요. 남자는 남자끼리, 여자는 여자끼리. 꼭 그렇지는 않지만 이성을 소개하면 괜한 오해를 살 수도 있더라고요. 나이나 직업, 정치 성향 등은 별로 고려하지 않아요. 특히 활동 분야는 개의치 않고 다양한 사람이 만나도록 유도합니다.

억지로 소개하는 자리를 따로 만드는 것은 그다지 좋은 방법이 아니에요. 누군가를 만나고 있을 때 자연스럽게 다른 사람을 부르거나, 약속이 잡혔을 때 다른 누군가를 데려가는 식이 좋죠. 물론 사전에 양해를 구하는 건 필수입니다. 노희영 YG푸즈 대표가 그런 걸 참 잘하더라고요. 그쪽은 엔터테인먼트 관련 행사가 많은데, 행사장에서 참석한 사람들을 서로 소개하고 인맥을 쌓도록 부담스럽지 않게 도와주어서 저도 다른 사람들과 쉽게 친해질 수 있었습니다.

2

둘이서 즐거울 수
있어야 한다

가장 중요한 때는 지금이고, 가장 중요한 사람은 지금 만나는 사람이며,
가장 중요한 일은 지금 만나는 사람에게 좋은 일을 행하는 것이다.
– 톨스토이

인간관계는 2에서 시작한다

"우리 둘 말고 누굴 더 부를까?"라는 말을 해본 적이 있는가?
들어본 적은 있는가? 그렇다면 그 관계에는 진정성이 없다. 인
간관계는 '2'에서 시작한다. 두 명이 기본 단위다. 두 명이 뭔가
관계를 이뤄야 다른 관계를 계속 쌓아나갈 수 있다. 둘 사이의
친분이 있어야 세 명, 네 명 어울릴 수 있다. 남자와 남자의 관
계든, 남자와 여자의 관계든, 여자와 여자의 관계든 모든 인간

관계는 두 명에서 시작한다.

인맥을 쌓으려면 일단 두 명의 관계부터 시작돼야 한다. 여러 명이 한꺼번에 모인 자리에서는 개인의 내밀한 이야기를 꺼내기 어렵다. 다양한 이들의 공통적인 관심사를 찾아야 하고, 한두 사람에게만 대화가 쏠리지 않도록 배려도 해야 한다. 그런 자리에서는 유머 감각이 있거나 말 많은 사람은 두드러지지만 내성적이거나 말수가 적은 사람은 주목받기 어렵다. 사람을 꽤 많이 만나본 나도 여러 사람이 모인 자리에서는 각각의 진면목을 파악하기란 여간 힘든 게 아니다. 세월이 갈수록 사람 속을 잘 모르겠다. 그래서 나는 누군가를 사귀고 싶으면 다른 사람을 빼고 단둘이 식사 자리를 갖는다.

일단 일대일로 만나면 그 사람의 표정이나 몸짓을 제대로 볼 수 있다. 눈이 빛나면서도 흔들림 없는지, 말투가 예의 있으면서도 또렷한지, 상대를 배려하는 매너를 갖췄는지 등을 파악할 수 있다. 사람마다 있는 특유의 버릇에서도 사람의 됨됨이가 배어나오곤 한다. 또 내 이야기도 깊이 있게 할 수 있다. 사람들이 많으면 아무래도 개인적인 이야기를 나누기가 어렵다.

엄청난 인맥을 자랑하던 선배가 있었다. 그러나 알고 보니 그는 자신의 인맥들과 독대를 한 적이 별로 없었다. 주로 여러 사람이 모인 술자리에 끼어 안면을 익혔을 뿐이다. 그건 그 사람들을 온전히 안다고 할 수 없다. 여러 명이 있을 때 할 수 있는 말과 독대할 때 할 수 있는 말은 하늘과 땅만큼 다르다.

영향력이 있는 사람들은 대개 여럿이 모인 자리에서 말실수를 하지 않도록 조심한다. 특히 기자가 그 자리에 있을 때는 더욱 입단속을 한다. 기자에게는 특종일지 몰라도 자신이 원하지 않는 기사가 보도될 수도 있지 않은가. 물론 서로 신뢰를 쌓은 사이라면 술자리에서 한 이야기를 동의도 구하지 않고 기사로 쓰는 기자는 없다. 하지만 여러 사람이 모였다면 꼭 친한 사람만 있으리라는 보장도 없다.

다양한 사람들이 모인 곳에서 속내를 드러냈다가 쓸데없이 소문이 퍼져 난처했던 일은 누구나 한번쯤 겪어봤을 것이다. 따라서 여러 사람 앞에선 말을 꺼내기 전 스스로 검증을 거칠 수밖에 없다. '저 사람과 친하지 않은데 이 얘기를 옮기면 어쩌지? 그냥 다른 얘기나 하자.' 이런 식으로 말이다. 그러니 정말 속 깊은 얘기를 하고 싶다면 둘이 만나는 것이 좋다. 서로의 속마음을 모르고서는 인맥이 형성되지 않는다. 결국, 독대하지 않았다면 그 사람은 아직 자신의 인맥이라고 부를 수 없다.

둘이서만 약속을 잡아라. 식사를 해도 좋고, 그게 어려우면 가볍게 차 한잔만 해도 좋다. 나를 그 사람에게 알리고 그 사람에 대해 알려면 단둘이 만나야 하고 어색하지 않아야 한다.

서로 말을 하지 않더라도, 침묵이 오래 흐르더라도 편해야 한다. 대개 자리가 불편한 이유는 부탁할 것이 있거나 자기를 완전히 오픈하지 않아서다. 특히 뭔가 숨기는 것이 있으면 불안하다. 또한 상대에게서 뭔가를 얻어내려고 하는데 상대가 잘 따라주지 않으면 조급해지기 마련이다. 이러면 마주하고 있는 것이 편할 수가 없다.

독대가 어색하다면 자신을 돌아보라

앞에서 나는 문득 생각나는 사람에 대해 말했다. 그런 사람은 둘이 만나도 편하다. 그러나 둘이만 만나면 왠지 불편한 사람도 있다. 여럿이 있을 때는 유쾌하게 잘 지내지만, 둘이 있을 때는 어색하다면 가까운 사이가 아니다.

둘이 만나자고 해도 굳이 다른 사람을 불러내는 사람도 있다. 그 사람은 당신을 깊이 사귈 상대로 여기지 않을 확률이 높다. 시간은 한정되어 있고 이 사람도 만나고 저 사람도 만나고 싶으니 그냥 '한 방에 눈도장 찍자'는 속셈이다. 또 '손 안 대고 코 풀자'는 심산이다. 그 사람은 나를 일로 만나는 것이지, 마음의 교류를 하고 싶지는 않은 것이다.

늘 셋이 모이던 취재원이 있다. 나는 A와 B를 기분 좋게 만났고, 나름대로 서로 친하다고 생각했다. 그런데 하루는 A가 못 온다고 연락 와서 B와 둘이서 만난 적이 있다. 그날 우리는 무척 어색했다. 내가 썰렁한 농담을 하자 B는 어쩔 줄 몰라 했다. A와 B가 함께 있을 때는 내가 농담을 하면 모두 떠들썩하게 유쾌했는데, B와 단둘이 있으니 분위기가 딴판이 됐다. 마침 B가 나에게 뭔가 부탁을 했는데 기분이 썩 좋지 않았다. 만약 A가 부탁을 했다면 어떻게든 들어주려고 애썼을 것이다. 이를 계기로 알게 됐다. 다 같이 모인 자리가 유쾌했던 이유는 A가 중간에서 완충지대를 잘 만든 덕분이라는 것을 말이다. 나는 지금까지 B를 대충 사귄 것이다. 관계가 그런 식으로 굳어지면 돌이키기 어렵다.

이해관계가 전혀 없이 순수하게 사귄 학창 시절의 친구들도 마찬가지였다. 중학교 때 삼총사로 뭉치던 친구 둘을 지금도 만난다. 그런데 삼총사 중 하나가 빠지면 어색하기 짝이 없다. 셋이 만나면 재미있고 시간 가는 줄을 모르겠는데, 어쩌다 단둘만 만나게 되면 무엇을 해야 할지, 무슨 말을 해야 할지 모르겠다. 중학교 때야 서로의 관심사가 비슷했고, 같은 동네에 살아 생활환경도 비슷하니 할 이야기가 많았지만 세월이 너무 많이 흘렀다. 각자 직업이나 사는 곳도 다르다.

둘이 있는 것이 불편하다면 먼저 이유를 파악해야 한다. 그 사람에 대해 너무 몰라서 그럴 수도 있고, 잘 알지만 사고방식이 너무 달라서 그럴 수도 있다. 그 불편한 시간을 억지로 편하게 만들려고 하지 말고, 상대방을 좀 더 알아가는 데 시간을 쓰는 것이 낫다. 그래서 시시껄렁한 농담이나 이슈가 된 뉴스보다는 서로 자신의 얘기를 하는 것이 더 좋다. 그렇게 노력했는데도 그 사람과 맞지 않으면 더 이상 어색한 자리를 계속 감수할 필요는 없다.

또한 둘이서 만나 어색한 일이 잦다면 자신에게 문제가 있는 건 아닌지 돌아보아야 한다. 둘이서도 즐거우려면 나부터 매력이 있어야 한다. 사람들이 나를 만나면 헤어지기 싫어야 한다. 식견이 뛰어나거나 지혜로운 사람들을 만나면 한 시간이 10분 같고, 하루가 한 시간 같다. 마음이 따뜻한 사람과 함께 있으면 굳이 말을 하지 않아도 편하다. 그런 사람이 돼야 한다.

상대가 둘이서만 만나는 걸
불편해하면 어떡하죠?
그래도 둘이서 보자고 고집해야 할까요?

상대가 불편해한다고요? 둘이서만 만나서? 그러면 안 만나야
죠. '아, 저 사람과의 인간관계는 아직 제대로 형성이 안 됐구
나'라고 생각하면 됩니다. 누군가 다른 사람이 있어야만 볼 사
이라면, 두 사람이 제대로 관계를 맺지 못한 겁니다. 아마 상대방
은 자신을 감추고 싶어 하는 것 같습니다. 다른 사람과 함께 만나
면서 그 사람 뒤에 숨고 싶은 모양입니다. 그런 식으로 본인을 오
픈하지 않는 사람이라면 관계를 지속할 수 없어요.

저도 "둘이서 보자"는 요청이 부담스러울 때가 있어요. 만나자는
전화가 왔는데, '아, 뭔가 바라는 게 있구나' 싶은 경우입니다. 느

낌이 딱 오거든요. 저는 주변 사람 도와주는 걸 좋아하지만, 상대가 먼저 곤란한 부탁을 해오면 굉장히 난감합니다. 특히 직접 해결할 수 있는 게 아니어서 남에게 폐를 끼쳐야 하는 부탁이라면, 거절해야 하는데 그게 쉽지가 않아요.

둘이 만나라는 얘기는 이렇게 뭔가 부탁하기 위해 일부러 만든 자리를 뜻하는 게 아닙니다. 이런 식으로 만나는 사이는 오래 못 갑니다.

순수하게 상대와 친해지고 싶다면 단둘이 만나는 걸 피하지 마세요. 먼저 전화를 걸어 둘이 보자고 하세요. 상대가 아직 그렇게 둘이서 볼 정도로 친한 사이가 아니라고 생각할 수도 있어요. 그러면 좀 시간을 가져야 합니다. 그런데 나는 상대와 충분히 가까워졌다고 여겨서 더 깊게 만났으면 하는데, 상대는 계속 둘이 만나길 거부한다면 인연이 아닌 겁니다. 아쉬워도 '내 사람'으로 만들 생각은 접으세요. 그 사람과는 딱 거기까지인 겁니다.

마치 남녀가 연인이 되냐 마냐 하는 과정과 비슷하죠? 모든 인간관계가 실제 그렇습니다.

3

혼자선
아무것도 못한다

독불장군이 되려고 할수록 자신의 위치는 흔들리는 법이며
고개를 숙일수록 자신의 위치는 견고해지는 법이다.
- 톨스토이

난 운 좋은 사람이다 :

　나는 운이 좋은 사람이라고 생각한다. 좋은 친구가 많으며,
주위에서 정말 많은 분이 나를 도와줬다. 돌이켜보면 감사하고
또 감사하다. 내가 언론인의 꿈을 꾸게 된 것도 초등학교 5학년
때 만난 강병민 선생님 덕분이다. 웅변대회에 나가기로 했던
친구가 대회를 며칠 앞두고 맹장수술을 받자, 선생님은 주저하
지 않고 나를 추천하셨다.

"선생님, 저는 웅변이라고는 해본 적이 없어요. 웅변학원도 안 다녔고요."

"걱정 마라. 넌 할 수 있어."

학교 망신을 시킬 수는 없으니 부족한 시간이지만 치열하게 연습하고 대회에 나갔다. 너무 떨려서 단상으로 어떻게 올라갔는지도 잘 기억나지 않지만, 막상 입을 열자 나도 모르게 감정이 북받쳤고 말이 술술 흘러나왔다. 때로는 약하게 때로는 강하게 몰아치는 여유와 배짱이 어디서 나왔는지 모르겠다. 좌중은 모두 나에게서 눈을 떼지 못했다. 당시 웅변대회의 주제가 '반공(反共)'이었다. 지금 떠올려보면 유신 체제였기에 가능한 뻔하고 유치한 반공교육 교과서 같은 내용이었지만 그땐 나름 진지했다.

"'공산당은 싫어요. 공산당은 싫어요' 하다가 입이 찢기고 목이 갈라졌으니, 이 얼마나 안타까운 일입니까? 이승복 형님의 이야기를 교훈 삼아 공산당을 쳐부수자고 이 연사 외칩니다!"

관중은 "우아~" 하며 박수를 쳤다. 사람들 앞에서 말 한마디 제대로 못하던 열두 살짜리 소년에게 큰 갈채를 받은 일이 얼마나 감동적이었는지, 아직도 그 원고가 외워질 정도다. 이후 나는 자신감을 얻어 중·고교, 대학교, 군대에서까지 웅변대회를 나갔다. 이런 경험이 쌓이고 쌓여 나는 방송 초창기에도 떨지 않고 침착함을 유지할 수 있었다.

학창 시절 나는 공부를 곧잘 하는 우등생이었고 친구들 사이에서도 인기가 꽤 있었다. 임원도 여러 번 했다. 그런데도 선생님들에게 종종 혼이 났다. 그때나 지금이나 내 직설적인 성격이 문제다. 수업 중에 선생님이 실수를 하면 바로 지적하고, 이치에 맞지 않은 발언을 할 때는 왜 그런지 따져야 했다. 선생님들을 곤란하게 하는 질문도 곧잘 했다. 궁금한 건 언제나 물어봐야만 했다. 지금은 교사가 학생들을 때리는 일이 드물다. 학생들이 동영상을 찍어 소셜미디어에 올리거나 교육청에 신고를 하기 때문에 교사들도 몸을 사린다. 하지만 내가 학교를 다닐 때는 교사는 그림자도 밟지 말아야 하는 존재였고, 교사의 말에 조금이라도 토를 달면 금방 몽둥이가 날아들었다.

그러나 중학교 때 만난 황적희 선생님은 다르셨다. 담임도 아니었는데 항상 나를 믿고 응원과 위로를 아끼지 않으셨다. 당시 기술 과목을 가르친 황 선생님은 내가 당돌하게 굴어도 개의치 않고, "허허, 크게 될 놈일세" 하며 웃곤 하셨다. "너는 반드시 잘될 거야"라고 따로 격려해주기도 하셨다. 원래 머리가 좋은 인물은 자기 할 말을 하고 산다며 기죽지 말라고 두둔하기까지 하셨다. 무엇보다 고마운 건 따뜻한 시선으로 지속적으로 나를 지켜보신 것이다. 선생님은 진실로 내게 애정을 가지고 계셨다. 선생님은 내가 시험에서 1등을 하면 가장 먼저 와서 축하해주셨다. 황 선생님의 칭찬을 들으면, 의기소침함이나 우울함은 눈 녹듯 사라졌다. 덕분에 나는 어려운 가정형편에도 쉬지 않고 공부할 에너지를 얻었다(황 선생님은 올해 2월 장님 되어버렸다. 봄꽃 난 소식을 듣고 그 자리에 참석했다).

중학교 때 최평자 선생님 역시 나를 리더로 만들고, 리더십이 뭔지 알게 해주신 분이다. 최 선생님은 문교부장관상에 나를 추천해주셨다. '학업성적이 우수하고 부모에게 효도하는 학생'에게 시상한다는 '문교부장관 우수학생상'의 부상으로 상금 5만 원도 함께 받았다.

그 5만 원은 지금의 몇 억 원으로도 바꿀 수 없다. 매점에서 아르바이트를 하며 어렵게 학교를 다녀도 누군가 나를 알아주는 사람이 있고, 삶에 희망이라는 것도 존재한다는 걸 느꼈다. 열심히만 하면 나도 성공할 수 있겠다는 자신감이 생겼다. 이후부터 학교생활이 더 즐거워졌다. 초등학교 때도 학교를 빠진 적이 없지만 이후로도 고등학교까지 개근해 나는 '초·중·고 12년 개근'을 했다. 우등상도 고등학교 졸업 때까지 매번 받았다. 나는 선생님께 보답하기 위해서라도 더욱 이를 악물고 공부했다.

사람은 누구나 장점이 있고 단점도 있다. 모두가 똑같을 수는 없다. 고교 시절 한문을 가르친 박방림 선생님은 특히, 내가 다른 아이와 좀 다르다고 여기신 것 같다. 나는 선생님 덕분에 단점으로 가려진 사람 이면의 장점을 봐야 한다는 점을 깨달았다. 사람을 입체적으로 살피는 방법을 선생님에게 배웠다.

고등학교 때 나에게 용기를 주고 격려해준 곽충환 전도사님도 잊을 수 없다. 내게 종교를 알려주시고 영혼을 깨어나게 해주신 분이다.

대학교 3학년 때 군대 영장을 받았다. 강원도 양구 최전방에서 무사히 군생활을 마친 후 대학 동아리 '타임반'에서 활동했다. 이때 신문방송학과 출신의 김병수 선배를 만난 것도 나에게는 행운이었다. 김 선배는 당시 한국난방공사 홍보실장이었는데 모교에 놀러왔다가 우연히 나를 만났다. 당시 나는 여러 아르바이트를 하며 학비와 생활비를 벌어야 했다. 그중 고수익을 올릴 수 있는 것이 과외였다. 아이들을 가르치다 보니 가르치는 일이 적성에 잘 맞는다는 걸 알았다. 만약 기자가 되지 않았더라면 교사를 했을 수도 있다. 그러나 아무리 적성에 맞는다고 하더라도 학업과 과외를 병행하는 것이 쉽지는 않았다. 당시 과외 아르바이트에 지쳐 있던 나에게 김병수 선배는 정순

영 KBS PD(현재 SBS PD)에게 소개해줬고, 나는 대학교 3학년 때부터 2년간 KBS와 SBS에서 작가를 하며 생활비와 등록금을 벌 수 있었다. 게다가 나는 방송국에서 돈보다 중요한 인간관계와 방송 시스템을 배웠고, 이는 현재까지도 큰 도움이 되고 있다.

지금도 기억나는 프로그램이 몇 개 있다. 신동엽, 김원준이 패널로 출연했고, 20대와 40대가 게임을 하던 「대결 2040」이 있었다. 「시간여행」은 과거 우리나라의 생활상에 관해 알아보는 예능과 교양을 합친 프로그램이었다. 「청춘스케치」라는 프로그램도 기억난다. 지금 생각해보면 김 선배 덕분에 방송작가와 PD를 거쳐 기자, 앵커가 될 수 있었다.

행운은 감사하는 마음에서 나온다 ⦙

사회에 나와서 나는 여러 차례 시련을 겪었는데 그때마다 나를 도와준 수호천사들이 있다. '수호천사'라는 말이 다소 식상하게 들리겠지만 그 단어 외에 다른 적절한 표현이 떠오르지 않을 만큼 내게 도움을 준 사람들이다.

나는 대학교를 졸업한 후 대교방송에 PD로 입사했는데, 사내에 파벌싸움이 있었다. 당시 연세대 출신 부장과 고려대 출신 부장이 서로 심하게 다투는 바람에 나는 곤란한 처지에 놓였다. 신입이었지만 고대 출신 부장이 사퇴하는 바람에 같은 고대 출신이라며 퇴사 압박을 받았다. 새로운 직장을 알아보는 것이 낫겠다고 생각했다. 신입사원이 회사에서 땡땡이칠 방법은 없으니 고교 후배 김상진이 대신 MBN에 원서를 내줬고 결국 합격했다. 그 후배가 오늘의 나를 있게 했는지도 모르겠다. 다른 방송국 두 곳도 서류전형에 합격했는데, 면접 날짜가 겹쳐 결국 MBN으로 가게 됐다. 재정상태가 탄탄하고 적자가 없으며, 회사의 역사나 전망으로 보아 앞으로도 유망하리라는 판단을 했다.

나는 청와대 출입 기자를 33세 때부터 했다. 중앙 언론에서는 최연소 청와대 선임 출입 기자였다. 당시 유병필 보도국장이 나를 높게 평가해 적극 추천한 덕이다. 유 전(前) 국장도 오늘의 내가 있도록 도와준 수호천사다.

호사다마(好事多魔)라고 했던가. 청와대 출입 기자를 하던 중에 누명을 쓰고 회사에서 잘릴 뻔한 적이 있다. 해외 출장만 가면 내가 취재도 하지 않고 술만 마시고 놀러 다닌다는 소문이 퍼진 것이다. 일단 소문이 나면 점점 커지게 돼 있다. 그게 사실이 아니더라도 사람들 입에 계속 오르다 보면 진실처럼 보이기도 한다. 나는 청와대 출입 기자 중에서도 나름 인정받는 기자였는데, 젊은 내가 승승장구하자 누군가 시기한 것이다. 소문은 매우 구체적이고 그럴싸하게 각색돼 있었다. 당시 매경그룹 장대환 회장과 이유상 부회장, MBN의 노을식 국장이 나를 적극적으로 지지해주고 있었다. 그래도 나쁜 소문이 도니 확인 절차가 필요했다. 장 회장은 소문의 진상을 파악하라고 노을식 국장에게 지시했다. 노 국장은 그럴 리 없음을 짐작하고 있었지만 나를 불러 다시 확인했다.

"요즘 해외 나가서 일도 안 하고 만날 술 먹고 호텔에 늦게 들어온다는 보고가 올라왔어. 어떻게 된 일이야?"

친형이 중국에 파견 근무하고 있을 때라 형의 집에서 하루 묵은 것을 두고 '밤새 술 마시고 호텔에 들어오지도 않았다'고 악의적으로 왜곡한 것이다. 이때 나는 말로만 해명한 것이 아니라 증빙할 수 있는 자료를 모두 제출했다. 노 국장은 장 회장에게 사건의 전말을 보고해서 의혹은 말끔히 해소됐다. 나를 시기해 그 엉터리 보고를 한 사람은 이후 기자를 그만뒀다(그는 내가 범인을 모를 것이라고 생각하지만 세상에 비밀이 어디 있나). 그런 악의적인 왜곡 보고를 했는데도 회사에서 그의 말을 신뢰할 사람이 있겠는가. 애당초 주위 사람들에게 신뢰를 얻지 못한 사람이기도 했다.

채널A로 직장을 옮긴 후에는 당시 임채정 전무이사와 김차수 본부장이 나를 적극적으로 후원했다. 입사한 지 일주일도 되지 않아 내 이름을 건 「박종진의 쾌도난마」가 생겼다. 2011년 12월 23일 금요일, 당장 다음 주 월요일부터 새 프로그램을 시작하라는 지시가 내려졌다. 원래 새 프로그램을 시작하려면 무대와 타이틀을 만들어야 하고 PD와 작가도 선정해야 한다. 사흘 만에 프로그램을 만드는 건 파격 중에 파격이 아닐 수 없다. 그만큼 나는 신임을 받았다. 게다가 채널A는 「박종진의 쾌도난마」를 간판 시사 프로그램으로 밀었다. 내 이름을 건 프로그램이 생긴 것만 해도 영광인데 회사에서 전폭적으로 지지해주니 더욱 힘이 나서 3년여 동안 열심히 프로그램에 임했다.

스타 PD 출신인 은경표 DY엔터테인먼트 대표도 고맙다. 채널A에서 퇴사한 나를 받아주어 「강적들」과 「대찬 인생」에서 다시 방송을 하게 해주었다. 그가 아니었다면 아마 힘든 시간을 보내고 있었을지도 모른다. 덕분에 다시 방송에서 자리를 잡게 됐다.

서른 살에 만난 시공테크의 류장림 대표는 오늘날 내가 여기까지 오게 해준 멘토다. 내가 필요한 일이 있을 때마다 기가 막힌 타이밍에 해결해주었다. 이미 말했듯이 좋은 분도 많이 소개해줬다.

판사 선배 소개로 만난 DK도시개발 김정모 회장은 하늘이
준 소중한 선물이다. 힘들 때 만나 마음에 평안을 주셨고, 서로
위로가 됐기에 평생을 함께할 동지로 여기고 있다. 누구보다
신의가 강하고 에너지가 넘치면서도 세심한 배려가 돋보여 배
우는 바가 많다. 이분을 만나고 나는 한 단계 도약했다. 김 회장
의 경영이념은 전 직원의 정신적·물질적 행복추구이다. 그리고
나눔이다. 물질적 행복추구가 경영이념인 회사를 본 적 있는가.
솔직하면서도 멋지단 생각이다.

가족에 대한 감사의 마음을 빼놓을 수 없다. 나의 아버지는
일찍 돌아가셨지만 지혜를 나눠주셨고, 어머니는 갈 곳이 없어
초가집에서 사는 어려운 상황에서도 나를 번듯하게 키우려 최
선을 다하셨다. 아내는 나와 함께 단칸방에서 빈손으로 시작했
는데도 네 아이를 키우며 나를 뒷바라지했다. 내게 삶의 희망
을 주는 아이들도 고맙다.

나는 억세게 운 좋은 사람임이 틀림없다. 운을 뒷받침한 것
은 감사의 마음일 것이다. 나는 시련이 닥쳐도 남 탓을 하지 않
는다. 잠시 투덜대다가도 금세 정신을 차리고 스스로 해결하려
고 노력했다. 내가 이만큼 살고 있는 것이 모두 주변의 도움 덕
분이라고 믿기에 고난이 있어도 세상을 원망하지 않았다. 세상

사가 혼자 힘으로 된다고 생각하면 안 된다. 아무리 똑똑하고 실력이 있어도 그렇다. 『초한지』의 항우는 '산을 뽑을 만큼 힘이 세고 병법과 용병의 대가'였지만 독불장군이었기에 세상을 얻을 수 없었다. 잘 생각해보면 당신을 도와준 사람들이 있을 것이다. 없을 리 없다. 그들에게 감사하고 또 감사하라. 그러면 다시 감사할 일이 생길 것이다. '감사하는 마음'이라는 흙이 깔리면 그곳에서 '희망'이라는 새싹이 나와 결국 꽃을 피운다.

끝으로 여기에 언급된 분들과 지면 관계상 언급하지 못했지만 나를 도와준 모든 분에게 다시 한 번 감사드린다. 큰절을 올리고 싶은 심정이다. 자주 찾아뵙지 못하고 연락을 드리지 못하더라도 그 은혜를 잊은 건 아니다. 그걸 다 갚을 자신은 없지만 평생 동안 갚기 위해 애쓰려고 한다. 지켜봐 달라.

도움을 받는 데 익숙하지
않은 사람들도 있잖아요.
자신이 도움받는 데 익숙하지 않다면
그런 태도는 바꾸는 게 좋을까요?

남의 도움이 부담스럽다면 그런 태도를 억지로 바꿀 필요는
없는 것 같아요. 어떻게 보면 남의 도움 없이도 잘 살아갈 능
력이 있다는 거니까요. 신세를 안 지고 사니 남들보다 더 떳떳
할 수도 있겠고요. 사실 저도 가능하면 남의 도움 없이 살기 위해
애쓰는 편입니다. 그리고 남들 도와주기에도 벅차서 다른 사람에
게 뭔가 부탁할 정신머리도 없고요.

그런데 이런 건 있어요. 내 자리에서 한 단계 도약하려면 누군가
의 도움이 필요할 때가 있어요. 누군가 나를 인정해주고, 내 손을
끌어줘야 하는 경우요. 새로운 세계로의 인도자라고 할까요. 조

직생활을 하다 보면 반드시 인도자가 있어요. 조직 밖에서도 세상을 보는 눈을 키워주는 멘토 같은 분들이 계시죠. 윗몸일으키기를 생각해보세요. 더 이상 몸을 일으키지 못할 상태였다가도 뒤에서 누가 손가락 하나만 받쳐주면 또 한참을 쉽게 하거든요. 그런 거죠. 누군가 그렇게 당신의 인도자를 자처한다면 굳이 뿌리칠 이유는 없습니다. 그분에게는 큰 도움이 아닐 수 있어요. 본인이 정말 돕고 싶어서, 나를 좋아해서 선의로 건넨 손이라면 꽉 잡으세요. 그분도 당신 손을 잡아줄 수 있어 행운이라고 생각할 거예요.

'그냥 이대로가 좋아. 딴 사람과 엮이기 싫어.' 계속 이런 생각이 든다면 어쩔 수 없죠. 싫은데 어쩌겠어요. 하지만 사회에서 한 단계 도약하고 성장하기는 쉽지 않을 겁니다.

4

생색내지 말고
화끈하게 도와줘라

일이 빨리 이루어지기를 바라지 말고 작은 이익에 얽매이지 마라.
큰일을 이루지 못한다.
– 공자

남 도운 건 아예 잊어라 :

평소에 나는 핵심만 말하는 것을 좋아한다. 이 책을 집필할 때도 쓸데없는 미사여구를 붙이지 않으려고 애썼다. 모호하지 않으려면 팩트 그대로 쓸 수밖에 없다. 그런데 이 글에서 팩트를 자세히 서술하는 건 모순이다. 도와주고 생색내지 말라고 해놓고 책에 도와준 것을 쓰면 대놓고 생색내는 꼴이지 않은가. 따라서 내가 도운 얘기는 구체적으로 밝히지 않겠지만 이

번 글에서만큼은 너그러이 이해해주기 바란다<s>(대신 내게 도움을 준 사람들의 이야기는 있는 그대로 썼다)</s>.

나는 남을 도와주고 생색내는 것을 매우 어리석다고 여긴다. 그런 사람들은 도움의 기본을 모르는 것이다. 생색은 '내가 이만큼 도와줬으니 언젠가 갚으라'는 의미를 내포한다. 만약 도움을 받은 사람이 그만큼을 갚지 않으면 그 사람에게 화를 낼 수도 있다는 것이다. 이래서야 도와줬다고 할 수 없다. 생색내면 그냥 무언가를 '빌려준 것'에 불과하다. 이런 사람한테 도움받는 것은 위험하다. 내 것과 남의 것의 경계가 확실해서 너무 계산적이니 주위에 사람이 모일 리 없다.

도움을 받은 사람도 찝찝한 기분을 지울 수 없다. 내가 어려울 때 도움을 받아 고마워하고 있는데, 누군가가 그걸 떠벌리고 다닌다고 생각해보라. 발가벗겨진 기분이 들고 난처할 것이다. 도움 준 사람에 대한 고마움이 일순간 원망으로 변할 수도 있다. 당사자가 아닌 사람들 또한 떠벌리고 다니는 사람의 인품에 대해 다시 생각하게 될 거다. 또한 제3자에게 떠벌리진 않더라도 '도와준 거 잊지 말라'는 식으로 당사자에게 말한다면 얼마나 부담이 되겠는가? 언젠가 그 빚을 '때울' 일이 생기기를 바라며 스트레스를 받으면서 기다릴 것이고, 다시는 이 사람에게 도움을 받지 않으려고 할 것이다.

　나는 범사에 감사하는 태도를 갖고, 사람의 장점을 보려고 한다. 그 마음가짐을 실천할 뿐이다. 오히려 내가 도와줘야 했는데 사정 때문에 그렇지 못한 많은 사람에게 지금도 송구한 마음을 가지고 있다. 이런 태도를 가지게 된 건 내가 그만큼 보이지 않는 도움을 많이 받고 살아와서다. 언젠가는 나도 그 은혜를 세상에 돌려줘야겠다는 결심을 한다.

도움은 반드시 돌고 돈다

　나는 운이 좋았다. 고비 때마다 도와준 사람들이 있었다. 그중 잊을 수 없는 고마운 친구가 있다. 2008년 나는 정치권 입문을 고민하면서 어려움을 겪고 있었다. 특히 경제적으로 매우 힘들었는데, 캐나다로 이민을 갔던 고등학교 동창 장태숙이 한국까지 와서 나를 도와줬다. 가족과 함께 왔는데, 나를 돕느라 돌아가는 비행기까지 놓쳤다. 가족들을 캐나다로 먼저 돌려보내고도 친구는 싫은 내색을 전혀 하지 않았다. 치과의사인 그는 나로 인해 결국 한국에 남아 병원을 열었고, 기러기 아빠가 됐다.

나의 이익을 생각하지 않고 누군가를 도와주면, 그 사람의 마음이 움직인다. 그러나 일부러 남을 감동시키기 위해 도와주면 오히려 역효과만 난다. 아무 조건 없이, 그 사람을 진심으로 위할 때, 그 사람의 마음을 얻을 수 있다. 학창 시절에 만난 황적희 선생님, 최평자 선생님, 그리고 고마운 친구 태숙이. 누구도 내게 뭘 바라고 도와주지 않았다. 덕분에 난 발전의 길을 걸을 수 있었다.

남을 돕기 전에 선결 조건이 있다. 자기 자신을 사랑하는 것이다. 진정 자신을 사랑하는 사람만이 남을 사랑할 수 있고, 무조건적으로 도울 수 있다. 자신을 사랑해야 남을 도울 마음의 여유가 생긴다. 또 다른 사람을 도울 수 있다는 건 내 존재 가치가 있다는 반증이다. 얼마나 기쁜 일인가. 그래서 자신을 더 사랑하게 된다. 그리고 다시 남을 사랑한다. 사랑의 선순환이다. 종교를 가져야 실천할 수 있는 것이 아니다. 돌고 도는 사랑은 인간관계에서 보편적인 일이다.

내가 어려울 때 모든 걸 팽개치고 도와줄 사람이 (가족 외에) 있는지 곰곰이 생각해보라. 한 사람이라도 있다면 당신의 삶은 이미 성공했다. 없다면 그런 사람이 없음을 탓하지 말고, 남에게 스스로 그런 사람이 되도록 노력해보라. 이와 같은 마음가짐으로 남을 돕는다면 생색을 내려고 해도 어렵다. 시간이 지나면 당신에게는 당신을 돕고자 하는 사람들로 넘쳐날 것이다. 이는 물이 위에서 아래로 흐르듯 자연스러운 일이다.

남을 도울 때 지켜야 할
원칙 같은 게 있을까요?

첫째, 생색내지 말아야 합니다. 티내지 말라는 얘깁니다. 누군가 도와준 사실을 제3자에게 알리는 건 정말 최악이에요. 내가 A를 도와준 걸 B한테 말하면 A의 마음에서는 고마움이 싹 가실 겁니다. 그런데 남 도운 걸 자랑하는 사람이 꽤 많습니다. 이들은 실제로는 누군가를 도운 사람이 아닐 수도 있습니다. 돕지도 않았으면서 공치사하는 거죠. 좋은 일을 하고 욕먹는 것이 바로 이런 경우입니다. 어리석은 사람이지요.

둘째, 최선을 다해야 합니다. '돕는 척' 티내는 것은 삼류 정치인이나 하는 행위예요. 온 힘을 다해 도와야 어떤 결과가 나와도 의미가 있습니다. 그리고 도움을 받는 사람 눈에도 다 보입니다. 흉내만 내는지 정성을 다하는지 말이에요. 손바닥으로 하늘을 가리는 행위는 우스운 꼴이 됩니다. 도우려면 정성을 다하고 아니면 예를 갖춰 거절하세요. 돕는 척만 하는 행위는 아무런 의미가 없습니다.

셋째, 대가를 바라지 마세요. 그건 잔머리입니다. 잔머리는 상대방에게 다 읽힌다고 생각하면 정답입니다. 대가를 바라는 순간 실제 자신에게 돌아오는 건 아무것도 없습니다. 오히려 도와줘 놓고 사기꾼 취급을 받을 수 있으니 조심하세요.

다른 얘기 하나만 하면, 별거 아닌데 상대가 큰 고마움을 느끼는 작은 도움이 있어요. 말하다 보면 본의가 곡해돼 오해받을 때 있잖아요? 잘 아는 사람이 이런 상황에 맞닥뜨리면 먼저 나서서 그 사람이 해명할 기회를 만들어주는 겁니다. 자칫 잘못하면 일방적으로 그 사람 편만 든다는 딱지가 붙을 수도 있어요. 하지만 그 사람 말을 직접 들어보지도 않고 다른 사람들 따라서 비난하는 건 나쁜 짓입니다. 만약 그 사람이 정말 억울한 일이 있었다면 난 그저 얘기를 듣고 해명할 기회를 준 것뿐인데도 상대는 무척 고마워할 겁니다.

5

실수가 반복되면
실수가 아니다

신뢰는 유리거울과 같다.
한 번 금이 가면 원래대로 되돌릴 수 없다.
– 아미엘

실수는 부모만 괜찮다 한다 :

「공공의 적」이라는 영화에서 아들이 어머니를 살해한다. 어머니는 아들이 자신을 살해했다는 사실을 덮으려고 아들의 떨어져나간 손톱 조각을 삼키고 숨을 거둔다. 부모는 모두 그런 심정일 것이다. 아들이나 딸이 아무리 큰 실수를 하더라도 언제나 그들의 편이다.

그러나 형제·자매만 하더라도 사정이 다르다. 어릴 때는 모르겠지만 어느 정도 나이가 든 다음에 실수를 하면 아무리 한 핏줄이라도 사이가 나빠진다. 촌수도 없다는 부부 사이에서도 큰 실수를 하면 이혼을 하고 남남이 된다. 하물며 친구, 동료, 선배나 후배는 어떻겠는가. 당신이 실수를 하면 돌이키기 어렵다. 차라리 대놓고 불만을 토로하면 변명이라도 하겠지만, 아무런 말도 없이 당신 곁을 떠나는 사람이 더 많을 것이다.

모 기업의 회장과 나는 가까운 사이였다. 성품이 소박하고 마음이 잘 통해서 함께 시골 여행도 가곤 했다. 그런데 그 회장은 내게 실수를 여러 번 했다. 무엇보다 가장 난감했던 것은 사업에 투자할 사람들을 연결해달라는 청이었다. 안타깝게도 그의 사업은 그리 전망이 있어 보이지 않았다. 게다가 사람들을 소개해주었다가 투자가 잘못되면 나도 책임져야 할지도 몰랐다. 사업성이 떨어지고 재정 상태가 건전하지 않은데 오로지 인맥에만 의존해 내게 떠넘기듯이 투자자를 찾아달라고 하니 부담스러웠다. 나는 정중히 거절했지만 그는 계속해서 부탁을 해왔다. 결국 도저히 참을 수 없어 그와의 인연을 과감히 정리하고 말았다.

내가 산업부 기자였을 때는 기업체에 이야기해서 물건을 팔아달라는 사람들도 있었다. 기자는 브로커가 아니다. 그런 일을 하고 나면 객관적으로 기사를 쓸 수 없다. 만에 하나 정말 훌륭한 아이디어 상품인데 판로를 개척하지 못해 어려움을 겪는 중이라면 도와줄 수도 있었겠지만 그런 것도 아니었다. 기존 거래처를 끊고 자기 물건을 공급받게 해달라는 부탁을 하니 난감하기 짝이 없었다.

국세청에 출입할 때는 세무조사를 잘 받게 해달라거나, 국세청 사람을 소개해달라는 청탁도 들어왔다. 나는 현명하게 거절했다. 간혹 세법 적용이 잘못되어 부당하게 세금을 과하게 내야 할 때는 능력 있는 세무사를 추천하는 방식으로 도왔다. 그러나 은밀한 거래를 제안하는 부탁은 들어주지 않았다.

아무리 서로 막역한 사이라도 단 한 번의 무리한 부탁으로 마음이 떠날 수 있다. 나는 소중한 인연으로 생각했는데 그들은 나를 '산업부 기자 박종진', '국세청 출입 기자 박종진'으로밖에 보지 않았다. 나를 이용가치가 있는 대상으로밖에 보지 않는다면 나도 그 인연을 더 이상 소중하게 여길 필요가 없지 않은가.

관계 회복이 어려운 최악의 실수들 ●

무리한 부탁을 하는 것만이 실수는 아니다. 술자리에서도 실수가 자주 일어난다. 당사자는 '사소한 실수'라고 말할지도 모르겠지만 그 실수를 지켜보는 사람들은 그 순간을 잊지 못한다. 긴장이 풀리고 정신이 몽롱한 상태에서 던진 말 한마디로 상대는 큰 상처를 받을 수 있다. 때로는 상대의 콤플렉스, 이른바 역린을 건드리는 일도 벌어진다. "당신만 알고 있으라"며 제3자의 비밀을 전하는 것도 금물이다. 술자리에서 소위 '뒷담화'를 해서도 안 된다. 이는 너무나 당연한 원칙들인데 지키는 것이 쉽지 않다.

또한 당신이 술자리에서 필름이 자주 끊긴다면 소중한 사람들과의 술자리는 가볍게 끝내는 것이 낫다. 예전에 나는 한 선배와 다른 여럿과 한데 모여 술자리를 가졌다. 그런데 1차, 2차를 끝내고 3차가 되어 술이 한껏 오르자 그 선배는 믿지 못할 행동을 했다. 옆에 앉아 있던 여자 후배의 허벅지에 손을 올리고 어깨동무를 하는 등 명백한 성추행을 했다. 여자 후배는 화장실에 간다고 핑계를 대며 손을 뿌리치고 금세 자리를 바꿨다. 나는 여자 후배를 조용히 불러 택시비를 주고 집으로 보냈다. 다음 날 그 선배에게 "어제 일이 기억나냐"고 물었더니 "기억나지 않는다"고 했다. 내가 있었던 일의 전말을 알려줬더니 화들짝 놀라며 몸 둘 바를 몰라 했다.

주량이 센 편이라 평소엔 별 걱정 없이 술을 마셨더라도 만약 체력이 떨어진 상황이라면 당분간 술자리를 가져서는 안 된다. 술을 이기지 못하고 실수할 가능성이 높다. 술자리 실수는 단 한 번 잘못으로 인생에 큰 오점을 남길 수 있다.

'웨이터 법칙'이라는 것이 있다. 비즈니스에서 최종 거래를 결정하기 전에 상대방이 웨이터나 부하 직원들에게 어떻게 대하는지를 살펴보라는 것이다. 상대에 따라 행동을 달리 하는 사람은 신뢰할 수 없다는 것이 세상의 진리다. 이른바 '땅콩 회항'으로 알려진 모 그룹의 부사장이나 비행기 내에서 승무원을 폭행한 '라면 사건'의 대기업 상무와 계약을 체결한다고 가정해보라. 최근에 벌어진 기내 난동과 술집 폭행의 장본인들인 기업체 자제들과 협상 테이블에 앉는다고 상상해보라. 처음엔 대등한 계약 관계였을지라도 상황이 바뀌어 갑을 관계로 바뀌면 그들이 당신을 어떻게 대할지 예상이 되지 않는가.

한번은 술자리를 끝내고 어떤 선배의 차를 얻어 탄 적이 있다. 그는 대리기사를 불러 굳이 나를 집까지 데려다주겠다고 했다. 택시를 타고 가면 된다고 말했지만, 그는 한사코 만류했고 차에 태웠다. 그때만 해도 매너가 좋은 사람인 줄 알았는데, 대리기사에게 하는 행동을 보고 기겁했다. "차를 똑바로 운전하라. 왜 이 길로 가느냐"며 반말을 하면서 대리기사에게 함부로 대하는 모습을 보고 나는 그 선배를 다시 보게 됐다. 힘없는 이들에게 '갑질'하는 사람이라면 지금 당신에게 친절하더라도 방심하지 마라. 당신의 힘이나 지위가 약해지면 그는 '갑'이 되고 당신은 '을'이 된다.

만약 당신이 실수를 했다면 빨리 사과하라. 앞에서 말한 회장님이 나에게 진심 어린 사과를 했다면 예전처럼 관계를 회복했을지도 모른다. 또한 내게 무리하게 청탁했던 사람들이 "부담을 줘서 미안하다"며 사과한다면 기꺼이 용서했을 것이다. 물론 다시 무리한 부탁을 하지 않는다는 전제 아래서다. 그 사람들이 자신이 무엇을 잘못했는지 알 정도의 지혜가 있다면 나는 기꺼이 관계를 재개할 수 있다. 오히려 그 실수로 인해 관계가 더욱 공고해질 수도 있다. 그러나 그들 중 자신이 무엇을 잘못했는지 아는 사람은 거의 없었다.

갑질과 난동으로 문제를 일으킨 재벌가 사람들도 마찬가지다. 그들이 언론에 알려지기 전에 진심으로 상대에게 사과했다면 그처럼 일이 커지지 않았을 수도 있다. 하지만 그들은 어마어마한 실수를 저지르고도 정작 뭘 잘못했는지 모른 것이다. 그조차 몰랐다면 더 이상 할 말이 없다.

가장 중요한 건 사람과의 관계에서 역지사지로 생각해보는 것이다. 어떤 부탁을 하기 전에 '내가 만약 그 사람이라면 어떨까' 생각해봐야 한다. 회사를 경영하고 있는 사람에게 아무 이유 없이 거래처를 바꾸라고 하든지, 지인에게 전망이 보이지 않는 사업에 투자하라는 부탁을 한다면 상대방이 기분이 좋겠는가. 무리한 부탁을 하는 건 상대방의 입장을 전혀 고려하지 않는 행위다.

또한 내가 술에 취해 자신의 아픈 곳을 건드리거나 심하게 말실수를 한다면 어떨까. 상대방을 조금만 배려하고 존중한다면 무리한 부탁이나 술자리 실수는 나오지 않을 것이다. 그런 태도를 갖추면 웨이터나 부하 직원에게도 함부로 대하지 않는다. 실수하지 않는 비결은 바로 일상에서 타인을 배려하고 존중하는 마음을 가지는 것이다.

사과의 기술이란 게 있을까요?
어떻게 사과하면 그래도
자신의 실수를 조금이나마
만회할 수 있을까요?

> 사과는 빠를수록 좋아요. 잘못을 저질렀다면 즉시 잘못을 인
> 정하고 용서를 구하세요. 쓸데없이 자존심을 세워선 안 됩니
> 다.

실수를 한 자리는 아니더라도 그 뒤에 잘못을 깨달았다면 바로
전화를 하든, 문자를 찍든 하세요. '다음에 만나서 정식으로 해야
지' 하고 미루지 말고, 바로 하세요. 타이밍이 중요합니다. 시간을
끌수록 상대방은 당신이 잘못을 인정하지 않으려 한다고 여길
수 있어요. 사과가 늦어지면 어쩔 수 없이, 마지못해 사과한다고
느껴집니다. 그땐 사과의 효과가 떨어집니다. 진정성을 의심하는

거죠.

그리고 절대 핑계를 대면 안 돼요. "미안하긴 한데", "잘못하긴 했지만" 이런 식으로 변명을 달 거면 안 하니만 못하죠. 그냥 미안하다, 잘못했다, 깔끔하게 하세요. 그 뒤에 '그러나'가 붙으면 사과가 아니라 해명이에요. 상대는 핑계로 여길 거고요. 스스로에게 물어보세요. 내가 잘못한 게 맞나? 여기에 조금이라도 고개가 끄덕여진다면 그냥 사과하세요. '그러나' 없이요.

시사 프로그램을 진행하다 보니 정치 관련 소식을 자주 전하게 되는데, 정치인들이 참 사과를 못합니다. 잘못했으면 깔끔하게 사과하고 용서를 구하면 될 텐데, 변명과 핑계가 꼭 들어갑니다. 진정성이 안 느껴지죠. '그냥 사과하라'는 이 얘기는 정치인들이 특히 귀담아 들었으면 좋겠습니다.

깨진 도자기는
버려라

앎이 있는 사람이라면 적을 사랑할 수 있을 뿐 아니라
친구를 미워할 수도 있어야 한다.
- 니체

사람 마음은 도자기와 같다 ●

어릴 때 친구는 '독○○○'과 같아서 조금만 깨지면 붙이거나 막아서 관계를 이어갈 수 있다. 하지만 성인이 돼서 만난 사람들과의 관계는 '도자기'와 같다. 살짝 금만 가도 쉽게 깨져 다시 붙일 수가 없다. 버리는 수밖에 없다. 이미 깨진 도자기와 같은 관계, 신뢰가 깨진 관계는 과감히 정리해야 한다. 그 사람과는 아무 일도 함께할 수 없기 때문이다.

'깨진 도지기와 같은 관계를 청산하리'는 건 어려운 이야기가 아니다. 이를테면 알레르기를 일으키는 음식은 굳이 먹을 필요가 없단 소리다. 다른 맛있고 건강한 음식이 얼마나 많은가. 좋은 사람도 많다. 그러니 나와 맞지 않는 사람들을 만나느라 시간을 낭비할 필요가 없다. 다만 만인이 칭찬하는 사람과 당신의 관계가 나쁘거나, 당신 주변에 사람이 없다면 오히려 스스로를 반성해볼 필요는 있다. 그러나 당신의 인간관계가 대체로 무난하다면 맞지 않는 사람들과의 관계는 끝내는 것이 낫다.

꽤 가까이 지내던 선배가 있었는데 함께 골프를 치면 내가 매번 져서 밥과 술을 샀다. 그러던 어느 날 선배가 이른바 '알까기'를 하는 것을 알아버렸다. 티숏을 한 뒤 공을 찾으러 간 선배는 다른 공을 몰래 숨겼다가 유리한 곳에 내려놓았다. 그러고는 시치미를 뗐다. '아, 치사하다!'라는 탄식이 절로 나왔다. 차라리 "내가 졌지만 밥은 네가 좀 사라"고 말했다면 그렇게 실망하지는 않았을 것이다. 밥을 사지 않기 위해 번번이 양심을 속이다니 어처구니없었다. 후배에게 일부러 져주고 밥을 산다 해도 별로 이상할 게 없을 텐데 속이면서까지 밥값을 아끼다니. 작은 일에 이런 식이면 큰일에는 어떻겠는가. 나는 그 사실을 안 후 그 선배와의 관계를 끝냈다.

나는 약속을 잘 지키지 않는 사람도 싫어한다. 이런 사람은 시간도 제대로 지키는 법이 없다. 바쁘지도 않으면서 꼭 2차에 참석한다. 늦게 왔으면서 미안함도 없이 "주인공은 마지막에 나타난다"며 너스레를 떤다. 다른 사람과 1차를 마치고, 그냥 얼굴도장이나 찍자는 마음으로 자투리 시간을 쓰는 치사한 행위다. 타인을 배려하지 못하는 사람들의 전형이다. 물론 일이 늦게 끝나 2차에 합류하는 경우는 다른 얘기다. 이렇게 약속 어기는 일이 반복되면 난 그 사람을 '알레르기 일으키는 음식'으로 받아들일 수밖에 없다.

뻔뻔한 사람도 정리의 대상이다. 새벽에 전화가 와서 받아보니 지인이 음주단속에 걸렸단다. 그는 "네가 정계, 청와대, 검찰청 사람들을 두루 잘 아니까 손을 좀 써보라"고 했다. 얼마나 얼굴이 두꺼우면 새벽에 전화해서 이런 부탁을 할까. 한숨부터 나왔다. 술을 마셨으면 대리운전을 부르면 된다. 2~3만 원이면 될 일이다. 그 돈도 아까우면 자동차를 가지고 나가지 않았어야 한다. 음주운전은 살인 행위이며 타인의 생명을 위협할 수도 있는 행동이다.

절대 그럴 일은 없겠지만, 만약에 부탁을 들어준다고 해도 문제다. 정치인이나 검찰청 사람들이 지인의 음주운전을 무마하려면 모든 것을 걸어야 한다. 청탁을 받은 경찰이 녹취를 하여 소셜미디어에 올리기라도 하면 그 사람의 사회적·정치적 생명은 끝장난다. 물론 나도 무사할 리 없다. 말하자면, 지인은 자신의 사소한 이익을 위해 "여러 사람의 인간관계를 파탄내고 밥줄을 끊을지도 모르는 모험을 감수하라"고 말한 셈이다. 그는 평소에도 부탁을 자주 하는 골치 아픈 사람들을 내게 소개했다. 나는 그에게 "당신은 인간관계에 실패한 사람"이라고 직접 말했다. 물론 관계도 끝냈다.

뻔뻔한 사람을 어디까지 봐줘야 할까 ●

뻔뻔한 사람들은 늘 나의 상상을 초월한다. 한번은 아는 사람이 돈을 빌려가면서 한 달 후에 갚는다고 해놓고 아무 연락이 없었다. 그러고는 몇 개월 있다가 찾아와 또 빌려달라고 했다. 자신이 빌렸다는 사실은 아예 기억조차 못했다. "왜 돈을 빌려놓고 기억을 못하느냐"고 하니 "먹고살려니 힘들어서 그렇다"란다. 차라리 "갚을 자신이 없으니 못 받을 셈 치고 형편이 되는 대로 도와달라"고 한다면 빌려줄 의향이 있을 텐데, 그 뻔뻔함에 기가 찼다.

약속을 하고 나서 자신이 불리하면 곧바로 기억을 왜곡하는 사람은 위험하다. 그런 사람의 사고체계는 지극히 이기적이라서 내 돈은 내 돈, 남의 돈도 내 돈이다. 자기밖에 몰라 이익이 상충될 때는 언제 주변 사람들을 곤경에 처하게 할지 모른다. 이들은 말도 잘 바꾼다. 같은 새를 두고도 이 자리에서는 '독수리'라고 말하고, 다른 자리에 가서는 '부엉이'라고 말한다. 그러고도 자신이 불리하면 언제 그랬느냐며 '참새'라고 했다면서 딱 잡아떼기 십상이다.

뻔뻔한 사람들은 타인에 대한 배려가 없다. 나와 친한 사람 사이를 이간질하는 사람, 거짓말을 잘하는 사람, 여러 약속을 겹쳐서 잡아놓고 저울질하다가 갑자기 일이 생겼다며 나타나지 않는 사람, 부자면서도 밥 한 번 사지 않는 사람, 비밀 얘기를 동네방네에 떠들어 내 입장을 난처하게 하는 사람⋯⋯. 이런 사람들과 관계를 이어나가는 건 시간낭비다.

내가 친하다고 생각하던 사람에게 실망하면 그 충격은 더 크다. 친한 것과 무례한 것은 다르다. 솔직한 것과 버릇없는 것도 다르다. 이런 일이 있었다. 2000년대 초 우리나라에 벤처기업 붐이 일었다. 변변치 않은 사업 아이템으로도 당시엔 거액의 투자를 받을 수 있었다. 지금 생각하면 가당치도 않은 일이다. 너도나도 벤처기업을 하겠다고 뛰어들었고, 벤처 시장은 활황이었다. 한마디로 거품이었다. 내 친한 친구도 벤처기업을 창업했다. 그때가 외환위기 직후라 나도 경제적으로 어려운 상황이었다. 나도 시류에 합류하고 싶어 "좀 끼워줄 수 없냐"고 운을 뗐다. 하지만 그 친구는 "회사에 모두 서울대 출신만 있어 고려대 출신은 끼워줄 수 없다"고 비아냥거리듯이 이야기했다. 당시 내 콤플렉스를 건드린 것이다. 실제로 서울대 출신들이 그런 이유로 반대했을 것 같지는 않다. 설사 그랬다 하더라도, 대놓고 말한다는 건 모욕적이었다.

나는 그 친구를 아끼고 소중하게 생각하고 있었는데 그는 나를 함부로 대해도 괜찮은 상대로 여긴 모양이었다. 아무리 친해도 해서는 안 될 말이 있는데, 그는 선을 넘어버렸다. 이 사건은 친구의 숨겨져 있던 거만함을 확인하고 관계를 정리하는 계기가 됐다. 나는 속으로 '누가 더 잘되는지 두고 보자'며 이를 갈았다. 그런데 나중에 그 벤처기업은 도산했고, 나는 그 회사에 안 가길 잘했다고 생각하며 가슴을 쓸어내렸다.

만약 주위에 그런 무례한 행동을 하는 사람이 있다면 어떻게 해야 할까. 나는 우선 그 사람에게 해명할 기회를 준다. 변명이라도 들어보겠단 것이다. 이때 상대의 잘못을 지적하기보다는 '이러저러한 이유로 기분이 상했다'는 식으로 말하는 것이 좋다. 아무리 그 사람이 잘못을 했더라도 너무 몰아붙이면 자존심 때문에 오히려 화를 낼 수도 있다. 잘못한 사람을 단죄하는 것이 목표는 아니다. 잘못을 뉘우친다면 용서해주고, 일말의 양심도 없는 사람이라면 관계를 청산하라. 화내거나 흥분할 필요가 없다.

관용에 한계를 정하라 :

상대가 잘못을 인정하고 사과한다면 시간을 두고 관찰할 필요가 있다. 때로는 '옜다. 사과해줄 테니 받아라'는 태도로 억지 용서를 구하는 사람도 있고, 아예 무엇이 잘못됐는지 모르겠다는 사람도 있다. 이런 사람과도 관계를 끝내야 한다.

상대가 나에게 잘못하는데도 계속 관계를 이어간다면 여러 문제가 발생한다. 우선 삶이 피곤해진다. 음주운전을 해결해달라고 한 지인에게 따끔한 경고를 날리지 않으면 또 새벽에 전화를 받고 단잠을 설쳐야 할 것이다.

또한 나도 그 사람과 같은 부류로 분류될지도 모른다. 다른 이들이 생각할 때 그 사람이 '박종진의 인맥'으로 통할 수도 있다. 이를테면 "종진이, 내가 잘 알지. 둘도 없는 후배야"라고 말하고 다닌다면 어떨까. 나와 좋은 관계로 이어져 있는 사람들에게까지 피해가 갈 수 있다.

나는 예수도 아니고 부처도 아니다. 오른쪽 뺨을 맞고 왼쪽까지 내밀 자신이 없다. 누가 등 뒤에서 칼을 꽂아도 너그럽게 용서할 수 없다. 다만 그런 경우에 특별한 응징은 하지 않는 게 최대한의 관용이다. 가만히 내버려두어도 자멸하기 마련이다. 그게 세상의 법칙이다. 다만 조용히 정리할 뿐이다. 세상에 좋은 사람이 의외로 많고 남은 인생은 의외로 짧다. 내 삶을 피곤하게 하는 사람과 만날 하등의 이유가 없다.

관계를 정리하는
구체적인 방법을 알려주세요.

그냥 순리대로 가면 돼요. 관계 정리법이 따로 있다기보다 의
도적으로 연락을 피하면 자연스럽게 멀어질 겁니다. 성인이
니, 초등학생 때처럼 "야, 너랑 안 놀 거니까 아는 체하지 마"
이럴 수도 없는 노릇이니까요.

연락을 끊으려면 다음의 순서가 될 겁니다.
① 전화를 먼저 하지 않는다.
② 문자에 형식적으로 답장한다.
③ 전화가 와도 만날 약속을 잡지 않고 피한다.

저는 관계가 완전히 깨졌다고 생각하면 우선 그 사람에게 절대 먼저 전화하지 않습니다. 서운함을 표하고 싶거나 필요에 의해 얘기할 게 있어도 연락하지 않습니다.

그다음에 문자에 답장을 하되 형식적으로 보내고, 전화를 세 번 받을 것을 한 번 정도만 받기 시작하면 알아서 연락이 뜸해집니다. 그래도 계속해서 전화가 오면 어떻게 하느냐고요? 그땐 정중하게 연락 그만해달라고 말해야겠죠. 아니면 전화번호를 바꾸거나요(아직 전 이렇게 해본 적은 없습니다. 상대가 이 정도까지 가면 스토커 수준일 겁니다).

절대로 싸우지는 마세요. 쓸데없이 악감정이 남게 되고 남들 보기에도 좋지 않습니다. 깨진 도자기는 조각들을 조심스레 주워서 치우면 됩니다. 그걸 다시 잘게 깨뜨리겠다고 망치질할 필요는 없죠. 망치를 휘두르며 화끈하게 정리하는 게 멋있어 보일진 몰라도 멀리 보면 자신에게 도움이 되지 않습니다. 그냥 도자기가 깨졌다는 사실만 기억하세요.

7

얼굴에
마음이 담긴다

얼굴은 마음의 거울이며
눈은 말없이 마음의 비밀을 고백한다.
– 성 제롬

마흔 넘으면 자기 얼굴을 책임져야 한다 :

중국 당나라 때에는 관리를 등용할 때 신언서판(身言書判)을 봤다. 인물, 언변, 글씨, 사물의 이치를 알아 바르게 판단하는 능력이다. 그중 첫 번째가 바로 인물인데 단순히 잘생기고 못생긴 것을 보는 것이 아니다. 겉으로 드러나는 사람의 모양, 즉 요즘 말로 하면 스타일과 용모의 단정함을 봤다. 마찬가지로 현대에도 면접을 본다. 단순한 지식과 스펙을 보고 뽑는 것이 아니라, 얼굴과 외모에서 풍기는 인상을 본다. 또 그것만으로 판단할 수 없는 부분은 문답 형식을 거쳐 언변을 살피며 평가하게 된다. 21세기의 신언서판이다.

반드시 그 사람과 대면하여 인상을 보는 데는 이유가 있다. 얼굴에 그 사람의 마음이 담기기 때문이다. 아픔이 있는 사람은 아픔이 드러난다. 불편한 마음을 갖고 있으면 그 불편함이 드러난다. 힘들게 산 사람은 삶의 무게가 얼굴에 고스란히 드러나고, 곱게 자랐다면 곱게 자란 티가 난다. 그래서 '마흔 살이 넘으면 자신의 얼굴에 책임을 져야 한다'는 말이 있다.

그러나 사람의 얼굴을 본다고 할 때, 문자 그대로 얼굴만 보는 것이 아니다. 미남이나 미녀인데도 이상하게 정이 안 가기도 하고, 이상하게 마음이 끌리는데 조목조목 뜯어보면 추남이나 추녀가 있다. 어떤 사람의 얼굴을 본다는 것은 그 얼굴에 서린 목소리, 분위기, 눈빛 등을 함께 보는 것이다. 얼굴이 선하고 말끔하게 생긴 사기꾼도 많다.

다음은 지인이 실제로 겪은 이야기다. 어느 교회에 착하게 생긴 젊은이가 있었다. 그는 교회에 열심히 다니고 기도도 열심히 했다. 남자는 무려 2년 동안 이른 새벽에 교회로 나갔다. 새벽 기도를 올리는 신도들을 위해 청소하기 위해서였다. 처음에는 그가 누구인지 아무도 몰랐다. 그러나 묵묵히 새벽에 나와 무보수로 청소를 하는 남자의 소문은 점차 신도들 틈에서 퍼져나갔다. 모두 그에게 '법 없이 살 남자'라고 칭송했다. 그는 그렇게 교회 신도들에게 신망을 쌓았다. 사람들은 그의 믿음의 깊이 또한 남다를 것이라고 생각했다.

"정말 죄송합니다. 우리 아이가 너무 아파서……. 급히 돈이 필요합니다."

그러던 어느 날, 한 신도가 남자의 전화를 받았다. 곧 죽을 사람처럼 꺼져 들어가는 남자의 목소리에 신도는 망설임 없이 병원비를 송금했다. 그러나 다음 날 병원비를 송금한 신도는 충격을 받고 망연자실했다. 그 남자는 네 시간 만에 여러 사람으로부터 20억 원에 달하는 돈을 받고 해외로 도피한 것이다. 그의 얼굴과 행동을 보고 아무도 사기꾼임을 눈치채지 못했다. 사실 겉모습만으로는 사람 판단하기가 어려운 것이 사실이다.

박종진식 관상법

겉으로 드러나는 모습만 가지고 그 사람에 대해 모든 것을 알 방법은 없다. 그렇다고 아예 판단이 불가능한 것만도 아니다. 여러 사람을 만나다 보니 첫 대면에 그 사람의 성향을 파악하는 나만의 방법도 생겼다. 나는 사람을 볼 때 '성기안면(聲氣眼面)'을 본다. '성(聲)'이란 목소리를 말한다. '기(氣)'는 그 사람 특유의 에너지나 분위기를 말한다. '안(眼)'은 눈빛이며, '면(面)'은 얼굴 생김새다.

나는 우선 '목소리'를 듣는다. 목소리는 귀로 듣는 마음이다. 목소리에 그 사람에 대한 많은 것이 담겼다고 본다. '언(言)'이라고 하지 않은 이유는 그 사람이 쓰는 단어나 언변 외에도 음색, 말의 속도, 높낮이, 분위기를 종합적으로 판단해서다.

목소리만 들으면 사람 성향을 어느 정도 알 수 있다. 일반적으로 말이 빠른 사람이 긍정적이고 적극적이라고 여겨지지만, 말이 느려도 외향적인 사람이 많다. 소심한 사람은 말을 빨리 하면서 말끝을 흐리멍덩하게 맺는 일이 잦다. 대범한 사람은 말을 천천히 하지만 목소리에 자신감이 차 있다.

사람의 '기(氣)' 혹은 '분위기'도 중요하다. 사람이 활기가 있다면, 그 사람이 끼는 자리는 늘 유쾌하다. 목소리와는 조금 다르다. 목소리가 크다고, 말이 많다고 활기찬 사람은 아니다. 상대 말에 귀 기울이는 자세, 웃는 낯빛, 과장되진 않지만 자신 있는 태도 등이 어우러진 것이다. 사람들이 나를 만나면 늘 "기가 살아 있다", "박종진을 만나면 즐겁다"고 말하는데 그런 분위기를 뜻한다. 단순히 내 목소리, 웃음소리가 크다고 그런 것은 아니다. 골프를 치든, 술을 마시든, 함께 커피를 마시든 활기찬 사람과 함께라면 즐겁다. 반면에 어떤 사람이 오면 분위기가 순식간에 죽는다. 다들 경험해봐서 알 것이다.

가수 김장훈 씨는 좋은 기를 가진 사람이다. 김장훈 씨가 오면 그 자리의 분위기가 살아난다. 막 떠들고 시끄럽다는 것이 아니라 그가 앉아만 있어도 좋은 에너지가 뿜어져 나오는 걸 느낀다. 나보다 에너지가 넘친다. 자신 있고 활기차고 기가 온몸을 휘감고 있다.

'눈빛'도 중요하다. 눈은 마음의 창이라고 한다. 성형수술로 얼굴을 손보고 훈련으로 목소리를 고칠 수 있어도 눈빛을 바꾸기는 어렵다. 누군가를 짝사랑하면 눈빛에서 드러난다. 사기꾼은 눈알을 계속 굴린다. 겉으로는 평온한 대화를 하고 있지만, 어떻게 하면 사기를 칠지 늘 궁리하므로 머리가 쉬지 않는다. 그게 눈으로 드러난다. 뭔가 숨기는 사람은 상대의 눈을 바라보지 못한다. 착하게 산 사람은 눈빛도 선하다. 심리학에서도 시선이나 안구의 운동으로 사람의 심리를 관찰하는 연구가 꽤 많다.

나는 마지막으로 '얼굴의 생김새'를 본다. 얼굴의 생김새보다 목소리, 분위기, 눈빛이 더 중요하다. 그러나 어느 정도 나이가 들면 그 사람을 거쳐온 감정들이 얼굴에 낙인처럼 새겨져 있다. 늘 웃는 사람은 눈웃음 자국이 생긴다. 늘 불만을 가지고 사는 사람은 미간이 굳어 찡그린 표정이 자리 잡힌다. 마치 포장 안 된 길바닥 위로 긴 세월 자동차가 다니면 바퀴 자국이 움푹 패어, 모든 차가 그 바퀴 자국을 따라다니는 것과 같다.

사람의 미소에는 삶이 담겨 있다. 미소가 자연스러우면서도 감동을 주는 사람들이 있다. 인간은 동물과는 다르게 웃을 수 있다. 모든 표정 중 가장 아름다운 것이 미소다. 억지웃음이나 가식적인 웃음을 짓는 사람은 입은 웃지만 눈은 웃지 않거나, 눈이 웃는데 입이 경직돼 있다. 뭔가 부자연스럽다. 특히 나는 입만 웃는 사람들을 경계한다.

모 국회의원은 특유의 웃음을 짓는데, 사람들은 그의 웃음을 보고 그의 말이 가식이라는 것을 알아챈다. 미소가 자연스럽지 않다. 입만 웃기 때문이다. 눈과 입, 얼굴의 모든 근육이 다 같이 움직여야 진짜 미소이고 웃음이다.

말끝을 흐리고, 눈알을 굴리는 미간에 주름 잡힌 사람이 모두 나쁜 사람은 아니다. 잘 웃고 목소리와 태도에 자신감이 배어 있는 활기찬 사람이 모두 좋은 사람이라고도 볼 수 없다. 성급한 일반화다.

이를테면 고도의 사기꾼들은 목소리가 작은 편이다. 목소리가 크면 신뢰가 떨어져 보인다고 생각해서다. 또 말수가 적고 꼭 필요한 말만 하는 경향이 있다. 너무 많은 것을 말해 꼬리를 밟히지 않으려는 동시에 상대에게 신뢰감을 주기 위해서다. 더러는 사투리를 쓰는 사람도 있다. 순박해 보이려는 의도다. 사기꾼은 꽃미남처럼 잘생긴 사람보다 순박하고 어리숙한 인상이 많다. 최고의 사기꾼은 절대 사기꾼처럼 보이지 않는다. 그러니 사기를 당하지 않겠는가. 앞서 예를 든 교회 사기꾼처럼 말이다. 그러니 보이는 게 전부는 아닌 셈이다.

그래도 지금까지 수많은 사람을 접하고 지켜보니 '내면을 갈고 닦은 사람은 겉으로 드러나더라'는 확신이 생겼다. 깨끗하고 순수한 마음을 가지고 살면 사람들이 몰라볼 수 없다. 세상에 악의를 가지지 말고 감사하자. 가식을 버리고 소탈해지자. 그러면 당신의 얼굴, 목소리, 몸가짐에도 기록될 것이다.

개인적으로 인상이 참 좋다고
생각한 사람이 있었나요?
박종진 앵커 본인 얼굴도 자평을
해주시겠어요?

주위에 인상 좋은 사람 많죠. 이언경 전(前) 채널A 앵커도
MBN에서 처음 만났는데 처음 볼 때부터 인상이 참 좋았어요.
우리들교회 담임목사인 김양재 목사님도 번뜩 떠오르네요. 둘
의 공통점은 얼굴에서 온화한 빛이 난다는 거예요. '얼굴이 빛난
다'는 표현이 딱 들어맞아요. 진짜 그런 얼굴이 있더라고요. 김양
재 목사를 보는 순간엔 저도 모르게 속으로 '와' 하고 탄성을 질
렀습니다. 최근에 만난 분 중엔 배우 윤석화 씨도 그랬어요. 제가
연예인을 많이 보지만 그렇게 빛나는 얼굴은 찾기 어렵거든요.
남자 중에는 김태호 전 경남지사가 떠오르네요. 얼굴에서 광채가

느껴집니다. 성격이 호탕하고 솔직한 사람이지요. 허화평 미래한 국재단 이사장은 칠순이 넘었는데도 얼굴색이 맑고 눈빛이 살아 있습니다. 여전히 매일 공부하며 자신을 갈고 닦기 때문이 아닐 까 싶네요.

제 얼굴을 자평하려니 쑥스럽네요. 전 눈빛이 괜찮은 것 같습니 다. 얼굴에서 인상을 좌우하는 가장 중요한 부위가 눈이라고 보 는데요, 인상 좋은 사람은 눈에서 선한 기운이 나오는 것 같아요. 제가 잘 웃는 스타일 아닙니까. 조금 웃긴 상황에서도 많이, 크 게 웃으려고 하니까, 그 기운이 얼굴에 묻어나는 것 같아요. 호쾌 하게 웃기 시작한 지 꽤 됐거든요. 중학교 때부터 그랬던 거 같아 요. 처음엔 의식해서 크게 웃기 시작했는데 이제는 자연스레 그 렇게 돼요.

남의 인상을 따질 때도 눈을 가장 먼저 봅니다. 맑은 눈과 탁한 눈, 머리를 굴리는 눈과 해맑은 눈. 그 빛이 다 다르거든요. 대화 할 때도 눈을 보면 딱 알아요. 이 사람이 지금 다른 생각에 잠겨 있구나, 집중을 안 하고 있구나, 하는 게 보이는 거죠.

4장

직장인의
인간관계

좌고우면
하지 않는
처세법

직장 동료에게
큰 기대 마라

가정은 누구나 있는 그대로의 자기를
표현할 수 있는 유일한 장소다.
- 앙드레 모루아

직장 동료는 가족이 아니다

'가족처럼 함께 일할 분을 모십니다.' 이런 구인광고를 본 적
이 있을 것이다. 단도직입적으로 말하면 그런 직장은 없다. 꿈
깨라. 부모가 자식에게 심부름시키듯 온갖 일을 시키면서도 용
돈 수준의 월급밖에 주지 않겠다는 얘기다. 그렇더라도 '가족
처럼' 괜한 불평·불만 갖지 말고 늘 웃으라는 뜻이다. 정말 가
족 같다면 몸이 안 좋을 땐 무조건 쉬게 하며 간병도 해줘야 하

고, 집을 장만할 땐 목돈도 줘야 할 것이다. 그런 직장이 실제로 있다면 그곳 사장은 자선사업가다. 그런 황당한 구인광고 대신 '성실근무 직원 구함. 연봉 매년 10퍼센트 인상, 성과급 지급, 정시 퇴근, 연 15일 휴가' 같은 문구를 넣는 것이 낫겠지만 처우를 정확히 써넣는 경우는 흔치 않다. 적은 월급으로 많이 부려야 해서다. 그래서 '돈보다 가족 같은 정이 중요하다'라는 말로 현혹하려 한다. 오죽하면 이런 세태를 풍자해 '보람 따위 됐으니 야근수당이나 달라'˙는 말이 나오겠나. 이게 현실이다.

직장이 가정과 다른 것에 서운해할 필요가 없다. 학창 시절 우리는 사회 수업 시간에 1차 집단(Gemeinschaft, 공동체 집단)과 2차 집단(Gesellschaft, 이익 집단)에 대해 배웠다. 가족은 우리가 선택해서 구성원이 된 것이 아니다. 그러나 회사는 이익 창출을 위해 내가 선택한 집단이다. 가족은 이해가 상충된다고 해도 버릴 수 없지만, 회사는 언제든 떠날 수 있다. 직장 동료들은 '정(情)'으로 뭉치려 해도 서로의 이해 때문에 쉽지 않다. 하지만 직원이 서로 융화되어 즐겁게 일해야 회사는 큰 이익을 얻는다. 생각해보라. 직원들이 매일 싸운다면 일이 제대로 굴러가

■ 『아, 보람 따위 됐으니 야근수당이나 주세요』, 히노 에이타로 지음, 그림왕양치기 그림, 이소담 옮김, 오우아.

겠는가.

따라서 회사는 사회에 보편적으로 퍼진 '좋은 인간관계를 맺으라'는 슬로건을 적극적으로 차용한다. 회사에서 팀워크는 고효율 및 이익 극대화라는 큰 목표를 위해 존재하는 것이다. 직원들은 회사가 주는 역할놀이에 기꺼이 가담한다. 동료나 부하, 상사들과 좋은 관계를 유지하고, 서로 마음을 나누려 애쓴다. 그러다 역할놀이에 너무 빠져들면 주객이 전도되어 직장 동료를 자기 진짜 형이나 동생처럼 여기게 된다. 그러나 명심하라. 직장에서의 좋은 관계는 대부분 그 직장에 함께 있을 때만 유지된다. 이 사실을 잊어서는 안 된다.

직장 동료에게 너무 많은 것을 바라지 마라. 나는 예전 직장에서 한 후배를 많이 챙겨줬다. 부인이 병에 걸렸을 때도 회사 직원들이 십시일반으로 마음을 모아 도와줬다. 그 후배도 나에게 매우 고마워했다. 우리는 서로 믿고 의지하며 마치 친형, 친동생처럼 지냈다. 그러나 내가 회사를 떠나자 자연스럽게 관계가 소원해졌다. 나는 한 선배를 실제로 '형'이라고 불렀고, 그는 나를 '아우'라고 불렀지만 역시 직장을 그만두니 멀어졌다. 이젠 가끔 만나 서로의 안부를 묻고 지난 추억을 떠올리는 사이다. 직장은 냉철한 곳이다. 확실히 2차 집단이다.

직장생활을 할 때는 아무리 친한 선후배라도 가족처럼 의지하지 마라. 회사를 떠나면 서로 공유하는 이익이 없어지기에 순수한 인간관계만 남는다. 웬만큼 존경하지 않으면 금 같은 시간을 쪼개어 퇴사한 사람을 챙기기는 어렵다. 직장에서는 서로를 챙겨주면 팀워크가 생기고, 그로부터 성과라는 열매가 맺힌다. 그런 부산물이 없는, 이익이 없는 관계에서도 서로 친형제처럼 대해줄 것이라는 착각을 하지 마라. 매일 가족보다 더 많은 시간을 보내다가 하루 종일 보지 않는 날이 많아지면 마음도 멀어진다.

조직에서는 의리보다 성과가 우선

나는 정(情)을 중요하게 생각한다. 어려운 상황에서도 사람에 대한 정을 지켜나가는 게 의리다. 그런데 직장생활을 할 때 그 정과 의리 탓에 큰 실수를 여러 번 했다. 회사는 이익집단이라는 사실을 간과한 것이 실수였다.

나는 회사에서 승승장구했다. 어디에 있건 일을 잘하는 사람으로 인정받아 승진이 빨랐다. 나는 금방 팀원들을 거느리게 됐고, 후배들에게 잘해주려고 했다. 내가 팀원일 때 싫었던 것은, 내가 팀장이 되어서는 팀원들에게 하지 않았다. 특히 기자들은 자존심이 강해 대하는 방법을 달리 해야 한다고 생각했다. 웬만하면 잔소리는 하지 않았고, 대신 후배들에게 권한을 대폭 위임하여 기를 살려주려고 했다.

거기까지는 좋았다. 하고 싶은 대로 일을 맡겨놓으니 신나서 일하는 분위기를 만들 수 있었다. 그러나 선을 지켜야 했다. 그 랬다면 나는 '일'과 '인간관계'를 모두 잡은 훌륭한 직장상사가 됐을 것이다. 후배들을 친동생처럼 대한 것이 문제였다. 나의 '친동생 정책'이 결과적으로 나쁜 결과를 초래하는 일이 많았다. 후배들이 잘못하면 그것을 덮고 윗선에 보고할 때 내가 잘 못했다고 했는데, 안 좋은 결과로 이어지기도 했다.

이를테면 끔찍한 참사가 일어나서 그 상황을 긴급 보도하는 생방송 도중에 여자 후배 앵커가 웃어버렸다. 많은 사람이 죽고 다치는 상황에서 웃다니. 당시 내가 기사를 읽고 나면 후배 앵커가 읽는 식으로 번갈아 보도하고 있었다. 그런데 후배가 기사를 읽고 있을 때 내가 숨을 들이마시다 코 고는 소리를 냈다. 물론 실수로 어쩌다 난 작은 소리였다. 내 쪽의 오디오는 꺼져 있었기에 방송에 소리가 나가지는 않았지만 후배가 그 소리를 듣고 웃음을 참지 못했다. 아주 잠시 웃을 수는 있지만 보도를 하는 내내 웃자 방송국이 발칵 뒤집혔다. 앵커는 눈앞에서 누가 발가벗고 뛰어다녀도 평정을 유지해야 한다. 후배가 방송

도중 웃은 것에 나에게도 책임이 있지만 후배의 잘못이 크다. 하지만 나는 그게 내 실수 때문이라고 윗선에 말해 경위서를 쓰고 책임을 졌다.

또 한번은 방송 도중에 사적인 대화가 나간 적이 있었다. "어제 밥 잘 먹었냐"라는 말이 방송을 탄 것이다. 내 쪽 마이크가 꺼져 있어야 할 타이밍이었기에 이건 분명히 오디오 감독이나 기술 감독이 책임을 져야 한다. 하지만 역시 나의 잘못이라고 보고하고 경위서를 대신 썼다. 이렇게 내가 잘못을 뒤집어써주자 문제를 일으킨 당사자들이 당시엔 미안해하고 고마워했지만 그 순간으로 끝이었다. 이후에 비슷한 실수를 다시 하기도 했다.

상사라면 부하가 잘못했을 때 따끔하게 혼내야 한다. 인정과 의리로 내가 모든 책임을 지려고 하는 행위는 부하에게도 도움이 되지 않는다. 팀원들이 잘못을 하더라도 팀장이 책임지겠지, 하면서 안일한 마음을 가질 수 있다. 정에 얽매여 원칙대로 하지 않으면 곤란하다.

언론사에 있을 때 함께 근무했던 다른 부서의 어떤 마음씨 좋은 부장을 봐도 그랬다. 그는 회식 후 다음 날 부하 직원들이 늦어도 화를 내거나 채근하지 않았다. 업무의 성과가 나빠도 책임을 지우기는커녕 모두 자신이 부덕한 탓이라고 지나치게 '내 탓이오' 했다. '물 부장'을 모신 팀원들은 나태해졌다. 업무 시간 중에 사우나를 다녀와도 꾸중하는 이가 없었다. 사태가 이 정도에 이르자 팀의 성과가 바닥으로 떨어졌고, 결국 부장은 좌천되고 말았다. 팀원들도 다른 부서로 뿔뿔이 흩어졌다. 부장의 잘못된 리더십 탓에 자신도 팀원들도 모두 손해를 봤다. 회사에서는 반드시 성과를 내야 한다. 학교는 배우는 곳이기에 과정을 중요하게 생각한다. 가족은 이익집단이 아니기에 실수를 해도 용서하고 격려한다. 그러나 직장에서는 성과를 내지 못했을 때 반드시 책임을 져야 한다.

후배나 부하 직원으로부터 능력 있는 상사나 선배로 인정받고 싶은가. 가족처럼 배려하는 것은 좋으나 업무성과를 먼저 생각하자. 피도 눈물도 없는 냉혈한이 될 필요는 없지만 지나치게 물러터져 아버지나 형님 같은 선배이자 상사인 것보다 차라리 낫다. 분위기는 가족처럼 할지라도 평가는 냉정하게 하라. 팀원이 잘못하면 일단 꾸짖어라. 이것이 조직과 당신이 모두 '윈윈'할 수 있는 방법이다.

성과를 내기 위해 갖춰야 할
기본적인 태도가 있나요?

> 빠릿빠릿해야 합니다. 저는 말이 어눌합니다. 하지만 행동까
> 지 느린 건 아니에요. 제가 수학을 좋아한다고 했죠? 수학의
> 답은 간단할지라도 풀어나가는 과정은 복잡하죠. 제가 천천히

어눌하게 말하는 것처럼 보이지만 실제로는 많은 생각을 하며
머릿속에서 답을 찾고 있어요. 실제 성격은 급하지만, 그 성격에
맞지 않게 말이 어눌할 뿐이에요.

저는 선배가 부르면 걷지 않고 뛰었어요. 할 수 있는 일은 시키
는 즉시 처리했고요. 아무래도 불가능할 것 같은 일은 못하는 이
유를 논리적으로 설명했어요. 면전에서 바로 그러기보단 일단 정

말 할 수 없는 일인지 다시 한 번 확인해보고 말했죠. 그런데 기자 사이는 위계질서가 엄격한 편이라 선배가 시키면 일단 무조건 "예" 하고 대답하는 경우가 많습니다. 하지만 저는 빨리 상황을 확인한 뒤 안 되는 것은 안 된다고 확실히 말했어요. 그래야 할 수 있는 일, 해야 할 일을 바로바로 처리할 수 있으니까요. 가능한 일과 불가능한 일을 바로 판단해 결정하는 능력도 행동을 재빨리 할 수 있는 비결 중 하나입니다. 그래서 선배 지시에 "못한다"고 해도 선배들은 저를 싫어하지 않았어요.

신입 기자 딱지를 막 뗐을 때 한 선배가 "○○기업 A 사장이 스캔들이 있는 것 같은데 네가 좀 아는 사람 아니냐. 한번 파봐라"고 했어요. 저는 얼떨결에 "예"라고 대답했죠. 그러나 찬찬히 생각해보니 이 건은 공공의 이익과 상관이 없었고, 취재원 보호 차원에서도 옳지 않았어요. 친분이 있으니 술자리를 만들어 비밀을 캐고 특종을 내볼까 하는 유혹도 있었던 게 사실이지만 보도 원칙을 무시할 수는 없었습니다. 선배에게 제 생각을 말했더니 선배는 의외로 "알았다"며 끝내더군요. 선배는 오히려 저를 칭찬했어요. "박종진은 말은 느리지만 우물쭈물하거나 속에 감추는 게 없고 명쾌해서 좋다"라고요. 그리고 한마디 덧붙였어요. "보기보다 빠릿빠릿하단 말야!" 기분 좋았습니다.

2

'키워주겠다'는 말
믿지 마라

뭔가 하고 싶다면 일단 너만 생각하라. 모두를 만족시키는 선택은 없다.
그리고 그 선택에 책임을 져라.
– 드라마 「미생」

기한 없는 어음, '키워줄게' :

직장 선배의 "너를 키워주겠다"는 말은 언제 지급될지 알 수 없는, 기한도 없는 어음이다. 남자가 여자에게 잘 보이려 할 때 "평생 호강시켜줄게"라고 말하는 것과 같다. 어쩌면 선배의 말은 진심일 수도 있다. 그러나 실제로 그가 키워줄 능력이 없다는 것이 문제다.

설령 기업 오너(owner)■라고 해도 누구를 노골적으로 키워주려면 조직의 눈치를 봐야 한다. 그리고 대개 오너는 직원에게 '키워주겠다'는 말을 하지 않는다. 열심히 일할 여건과 환경을 조성해주고 책임감을 갖고 성실히 일하는 사람을 눈여겨보는 정도다. 하물며 선배는 직장인일 뿐이다. 선배도 자기 코가 석자인데 누가 누굴 키워준다는 게 말이 되지 않는다. 선배도 언제 잘릴지 모른다.

사실 이런 말은 '내 라인에 들어오라. 내 줄을 타라. 그러면 나도 너를 도와주겠다'며 손을 내미는 것이다. '영혼 바쳐 충성하라'는 서약서에 사인을 하라는 얘기다. 특정 라인에 붙어 아부하는 것은 직장생활을 하는 데 별 도움이 되지 않는다. 설령 그 상사를 위해 일한다고 해도 성과는 모두 그에게 돌아간다. 결국 그물에 걸린 물고기 신세로 전락하는 것이다. 다시 넓은 바다로 돌아가 자유롭게 놀지 못한다. 부하를 그물로 옭아맨 상사는 그 물고기를 그냥 놔두지 않을 것이다. 그는 당장 손에 든 것도 없으면서 키워준다며 부하를 '희망고문'할 것이다. 자

■ 특정 오너가 없는 회사일 수도 있고, 소유와 경영이 철저히 분리된 회사일 수도 있다. 이 책에서 오너는 그 회사의 철학과 비전을 제시하는 최고의사결정권자를 지칭해 쓰겠다. 확실한 오너십은 없어도 주인의식을 갖춘 창업자나 최고경영자(CEO)가 될 수 있다.

신의 수족처럼 만들어 궂은일을 시킬 것이다.

실제로 한 방송사 모 부장은 기자 시절 비정규직으로 입사한 후배들에게 "정규직이 되도록 키워준다"면서 자신의 수족처럼 부렸다. 주위에선 노예같이 대한다며 비난의 목소리가 높았다. 폭언과 협박이 난무했지만 정규직이라는 보상을 제시한 선배에게 저항할 방법이 없었다. 나중에 그들은 결국 정규직이 되지 못하고 모두 회사를 떠났다.

상사를 믿지 마라. 아직 오지도 않은 미래에 대해 미리 생색을 내는 상사 말이다. 생색내는 사람 치고 믿을 만한 사람을 보지 못했다. 혹 누구를 키워준다는 말이 오너의 귀에 들어가면 어떻겠는가. 오너 입장에서는 화가 날 수 있다. 조직의 팀워크를 해치는 어떤 라인을 만드는 것처럼 보일 수 있기 때문이다. 결국 그가 먼저 사표를 쓸 것이다. 계보와 세력을 잃은 당신이 얼마나 혼란을 겪을지 상상해보라.

앞에서 말한 것처럼, 나를 키워준 사람들이 있었다. 그러나 그들은 한 번도 '키워주겠다'고 말하지 않았다. 또 대부분 같은 회사 사람도 아니었다. 회사는 실력이 있으면 키워준다. 인재를 육성하는 것이다. 그래야 이익 창출에 도움이 되어서다. 회사는 냉정한 집단이다. 실력이 없는데도 특정 라인에 속한다는 이유로 클 수 있는 만만한 곳이 아니다. '키워준다'는 말에 현혹되어

과잉 충성하지 마라. 당신의 청춘을 선배에게 바칠 필요가 없다. 그 선배가 어느 후배가 일을 잘한다고 회사 측에 이야기해줄 수는 있다. 좋은 자리가 나면 추천할 수도 있다. 인사고과에서 높은 점수를 줄 수도 있다. 그러나 그게 전부다(사실 이렇게 적극적으로 후배를 배려하는 경우도 찾기 힘들다). 그 선배가 월급을 더 줄 수 있는 것도 아니고, 인센티브를 주는 것도 아니다. 고용을 보장해주는 것은 더더욱 아니다.

나도 한때는 후배들에게 '키워주겠다'라는 말을 한 적이 있다. 그때는 진심이었지만 돌이켜 생각해보면 지킬 수 없는 약속이었다. 결국 내가 먼저 사표를 내지 않았는가. 인정받고 우쭐해지다 보니 나 또한 월급쟁이라는 걸 잠시 간과했다. 반성한다.

싫은 상사 때문에 사표 쓰지 마라 ⦙

일 잘하는 사람은 어차피 눈에 띄게 되니 라인을 탈 필요가 없다. 또한 일을 못하는 사람은 어차피 좋은 자리에 추천받지 못하니 역시 라인을 탈 필요가 없다. 열심히 일하면 대개 보상이 따른다. 더 좋은 조건을 위해, 또는 적성에 맞는 일을 찾아 다른 회사로 옮길 수도 있다. 평생직장 개념이 사라진 상황에서 줄 서는 행위는 비효율적이다. 자신의 인생은 자기가 선택하고 만들어나가는 것이다. 조직은 개인을 위해 존재하지 않는다. 회사는 효율성이 떨어지는 직원이나, 회사에 폐를 끼치는 직원을 버리는 데 주저함이 없다.

선배가 '키워준다'는 말을 해도 정에 이끌려 그 회사에 억지로 남을 필요도 없다. "지금은 어렵지만 나중에 급여를 올려주겠다"라든지, "나중에 기회가 되면 좋은 자리로 보내주겠다"라는 말도 믿지 마라. 그보다는 자신의 능력을 더 필요로 하는 곳으로 가야 한다. 그게 순리다. 그래야 사회도 건강하게 발전해 나갈 수 있다.

그러나 좋은 조건을 제시하는 다른 회사도 없는데, 지금 하는 일이 적성에 안 맞는 것도 아닌데, 단순히 상사가 싫다고 사표 쓰는 것은 금물이다. 선배가 후배와의 갈등 때문에 그만두는 일은 극히 드물다. 언제나 포기하거나 밀려나는 것은 후배들이다. 선배 때문에 그만두는 후배는 되지 말자. 회사를 그만두는 최악의 이유다. 따지고 보면 후배를 괴롭히는 일도 꽤 많은 에너지가 필요하다. 폭언을 일삼는 못된 선배에 대한 최악의 복수는 초지일관 무심하게 대하는 것이다. 다만 상사가 꼬투리를 잡지 못하게 최대한 완벽하게 일을 처리하라. 그러면 상사는 당신의 틈을 찾기 위해 혈안이 될지 모른다. 말도 안 되는 꼬투리를 잡아 시비를 걸지도 모른다. 그래도 담대하게 처신하고 그냥 지켜보라. 상사가 먼저 지치게 돼 있다.

'강한 자가 이기는 것이 아니라, 이기는 자가 강한 것'이란 말이 있다. 버티는 사람은 승리하고, 버티지 못하면 패배자가 된다. 절대 물러서지 마라. 특히, 상사가 괴롭히는 대상은 자신보다 잘난 후배일 경우가 많다.

열등감과 위기감에 후배를 시기하며 기회를 주지 않으려는 무능한 자의 못된 습성이다. 어쩌면 생존 본능에 의한 처절한 몸부림일 수도 있다. 차라리 '안됐다. 불쌍하다' 여겨라. 오죽 못났으면 내 사람으로 만들어야 할 후배를 괴롭히겠는가. 못난 그에게 당신이 밀려 나가버리면 그의 승리다. 그런 선배에게 승리의 기쁨을 주고 싶은가.

회사는 2차 집단이며, 이익 창출을 목표로 하는 곳이라는 걸 명심하라. 회사에서 당신의 상사에게 팀원들을 다룰 권한을 공개적으로 위임한 것뿐이다. 물론 월급을 받고 있는 한 상사의 지시에 따르는 것이 맞다. 그러니 무턱대고 상사에게 대들거나 조직을 바꾸려고 하지는 말자. 대신 먼저 자신에게 어떤 문제가 있는지 살펴보는 것이 현실적이며 현명한 처신이다.

우선, 자신이 속한 조직에 피해가 갈 만큼 팀워크를 해치고 있었던 것은 아닌지 자가점검을 해보라. 팀원들에게 솔직한 의견을 들려달라고 해도 좋다. 개인의 능력은 뛰어나지만 함께 팀을 이뤄야 하는 조직에서 조화를 이루지 못하는 경우가 있다.

스스로도 인정할 만큼 성실한지 살펴보라. 출퇴근 시간을 잘 지키고 있는가. 회식한 다음 날 숙취 핑계로 지각은 하지 않는가. 자주 자리를 비우거나 남들보다 업무 처리 속도가 느리진 않은지 점검하라.

표정 관리도 잘해야 한다. 상사가 나를 무시해도 찡그린 얼굴을 지을 필요는 없다. 잔소리를 들어도 웃어넘길 줄 알아야 한다. 불가능한 일을 시키는 것이 아니라면 좀 덜 합당한 일이라 생각돼도 일단 '예스(Yes)'라고 대답하자. 그리고 그 일을 시작하면 된다.

10년치 통계자료를 뽑으라고 하든, 봉투에 풀질을 하라고 하든 묵묵히 하라. 팀원들이 지켜보고, 전 회사가 지켜보고 있다. 당신의 능력이나 처신에 문제가 없다면, 당신의 상사는 공개적으로 시쳇말로 '돌아이'가 된다. 다만 지나친 인격모독을 할 때는 그냥 넘어가면 안 된다. 공개적으로 문제 제기를 해야 한다. 회사는 당신에게 일을 시키고 돈을 주는 것이지 영혼까지 산

것은 아니다.

일희일비하지 마라. 상사의 키워준다는 말에 혹해서 과잉 충성할 필요도 없고, 자신을 괴롭히는 상사 탓에 사사건건 감정 상할 필요도 없다. 맡은 자리에서 자신의 할 일을 묵묵히 해나가며 주변 사람들과 잘 지내라. 그게 직장인의 유일한 살 길이다.

회사에 사내 정치가
만연해 있으면 어쩌죠?
어딘가 줄을 서지 않으면 외톨이가
될 수도 있는 상황이라면요?

외톨이가 될지라도 줄 서지 마세요. 줄 세우는 사람들을 가만히 보면 대부분 능력이 없습니다. 보기보다 힘도 없는 경우가 많죠. 그래서 세력을 확장하려다 보니 줄 세우기를 하는 겁니다. 이런 데 괜히 휩쓸렸다간 낭패예요.

이 조직에서 도저히 혼자 힘으로 버틸 재간이 없겠다, 누군가의 끈을 붙잡지 않으면 절대 안 되겠다, 싶다면 회사의 오너 편에 서세요. 오너가 가장 확실한 권력자입니다. 오너 라인은 오너의 오른팔인 누구의 라인을 말하는 게 아닙니다. 오너와 직접적인 신뢰관계를 구축해야 한다는 얘기예요.

오너에게 줄 선다는 걸 나쁘게만 받아들이지는 마세요. 그 회사에서 성공하고 싶다는 건, 그 회사의 철학에 공감하고 비전을 믿는다는 뜻이고, 그 철학과 비전을 제시하는 오너와 함께 간다는 겁니다. 그러니 오너와 가까워지려는 걸 부정적으로만 해석할 필요 없어요. 하지만 실제로는 철학과 비전과 관계없이 생존을 위해 아첨하고 아부하며 오너 옆에서 *꼬리 흔드는* 직장인이 더 많은 건 사실입니다.

그런데 제가 경험한 바로는 어느 조직에서나 오너는 줄을 잘 세우지 않아요. 옆에서 알랑거리며 아첨 떠는 사람을 '자기 사람'이라고 여기는 것도 못 봤어요. 결론은 자기 밑에 줄 세우려고 하는 사람한테 절대로 휩쓸리지 말란 겁니다. 얄팍한 정치에 휘말릴 뿐이에요.

3

승진에
목매지 마라

성장이 느린 나무가 가장 좋은 열매를 맺는다.
– 몰리에르

승진의 빛과 그림자

직장에서 승진은 붕어빵의 팥이고, 사막의 오아시스다. 승진
했을 때 짜릿한 기분은 직장을 다녀보지 않은 사람은 알 길이
없다. 그 희열이 얼마나 크면 승진을 둘러싼 각종 비리가 쉬지
않고 뉴스에 오르내린다. 최근에도 승진 청탁 명목으로 거액을
주고받은 혐의로 지방 군청의 공무원들이 기소되었고, 경찰이
벌금형을 받기도 했다.

승진을 하지 말라는 것이 아니다. 승진에 목매지 말라는 것이다. 승진이란 더 큰일을 하라고 높은 직책을 주는 것이다. 준비가 된 사람은 자연히 드러나며, 회사에서 그에 맞는 일을 맡길 것이다. 묘목은 화분에서 키우지만 거목을 화분에 심으려고 하는 사람은 없다. 당신이 일을 잘하면 승진은 따라오게 돼 있다. '승진을 위한 승진'을 하면 부작용이 더 크다. 그러니 승진에는 지나친 관심을 갖지 마라.

나는 처음에 승진은 빨리 하면 할수록 좋은 것인 줄만 알았다. 기자들은 평기자, 차장, 부장, 부국장, 국장 순으로 승진을 하는데 차장부터 밀리기 시작하면 스트레스가 이만저만한 게 아니다. 또 차장에서 부장으로 올라가지 못해도 낙담한다. 월급이 문제가 아니라 자존심이 걸려 있다. 나는 잠시 내가 원하지 않는 부서로 간 적은 있지만 승진에서만큼은 승승장구했다. 지금 생각해보면 지나치게 빨랐다. MBN에서 나는 39세에 부장이 되었다. 당시 중앙언론사에서 부장 중에는 내가 가장 어렸다. 이후로도 입사 선배를 부하로 둘 때도 있었고, 심지어는 학교 선배가 내 밑에서 일하기도 했다.

언론사는 시간을 다투는데다가 정론직필(正論直筆)을 중요하게 생각하기 때문에 이른바 '군기'를 내세우는 사람이 많다. 작은 실수라도 하면 크게 번지고, 필화 사건도 종종 일어나서 언론사 특유의 엄격한 문화가 생긴 것이다. 그런데 나를 가르치던 선배가 갑자기 내 밑으로 들어와서 일하면 얼마나 불편하겠는가. 선배가 잘못을 해도 제대로 꾸짖을 수 없고, 그렇다고 그냥 넘어갈 수도 없다. 갑자기 '부하 직원을 모시고 일하는' 웃기고도 슬픈 일이 벌어진다. 정과 의리를 중요하게 생각하는 나에게는 어려운 시간이었다.

차장, 부장을 달아 우쭐대는 것도 잠시였다. 누리는 영예보다 떠맡아야 할 중압감이 커졌다. 기자들이 기사에서 '물을 먹으면'▪ 데스크인 부장도 함께 책임을 져야 한다. 또한 실적에도 신경을 써야 한다. 차장 이상이 되면 회사에서 압박을 가하기 시작한다. 팀원 관리도 해야 한다. 월급이 약간 올랐다고는 하지만 더 버는 만큼 나가는 것도 늘었다. 시기하고 질투하는 사람도 많아졌다. 나를 두고 터무니없는 소문을 퍼뜨려 노골적으로 음해하는 사람까지 생겼다.

▪ 언론계 은어. 다른 언론사가 자신의 담당 분야에서 단독 보도를 하면 '물 먹었다'고 표현한다.

　그동안 깨닫지 못했던 것들이 눈에 보이기 시작했다. 살펴보니 가장 늦게 승진한 사람이 임원이 될 때까지 회사를 지키는 경우가 많았다. 실제로 조직에서 능력이 뛰어난 사람은 부장까지는 승진이 빠르나 임원으로 승진하기 이전에 그만두는 사례가 허다하다. 사내에서 시기와 질투를 받고, 외부에서 영입되거나 혹은 그런 의혹만으로도 떠나야 하는 일이 생겨서다.

　공무원도 승진에 굉장히 목맨다. 성과급 등이 별로 없기 때문에 승진을 해야 급여가 오른다. 그러나 승진을 빨리 할수록 그만두는 시기도 앞당겨진다. 차관 이상이 되면 일종의 계약직인 별정직 공무원이 되기 때문에 철밥통 공무원으로서의 생명은 끝난다. 언제든 짐을 쌀 준비를 해야 하며, 실제로 오래 일하지 못한다. 결과적으로는 돈을 더 받는 게 아니라 더 오래 다니는 게 나았다는 것을 퇴직하고 나서야 안다. 승진을 하지 못해 안쓰러웠던 동기들이 나중엔 부러워 보이기까지 한다.

　승진이라는 건 비가역적(非可逆的)이다. 승진을 하고 나면 돌이킬 수 없다. 직장에서는 한 번 승진이 되고 나면 자신이 아무리 직급을 낮추고 싶어도 그럴 수 없다. 큰 잘못을 했을 때 문책성 인사로 직급을 낮추는 경우가 있지만, 매우 드물다. '알아서 퇴직하라'는 무언의 압력을 가할 때만 그런 일이 생긴다. 군대에서 병장이 갑자기 상병으로 강등되기 어려운 것과 마찬가지다.

언론사에서는 부장 위가 부국장이고 다음이 국장이다. 승진을 할수록 퇴직할 시각에 가까워지는데, 국장을 그만두고 나면 갈 곳이 많지 않다. 중앙언론사에서 차장이나 부장 자리는 많아도 편집국장 자리는 손가락으로 셀 정도로 적다. 공석이 잘 나지 않는데다 그나마 자리가 나도 차례를 기다리는 사람이 줄을 서 있다.

대기업에서는 차장이 부장 승진에서 자꾸 밀리면 스트레스를 받지만, 부장이 되고 나면 오히려 더 좌불안석이 된다. 부장까지는 정규직으로 정년이 보장된다. 그러나 이사로 승진하면 임원이다. 직원이 아니라 경영진이므로 회사와 임시직 계약을 하게 되고, 회사가 계약해지를 요구하면 언제든 그만둬야 한다. 오죽하면 '미운 사람을 빨리 승진시킨다'는 말이 있을 정도다. 실제로 어려운 경기 탓에 몸집 줄이기에 나선 기업에서는 부장들에게 명예퇴직을 제안하는 일이 늘어나고 있다. 실질적인 손발 역할을 하는 대리나 신입사원 대신 연봉이 부담되는 부장들은 정리 대상이다. 부장들은 자녀가 고등학교나 대학에 다니거나 결혼을 앞둔 40~50대다. 한창 돈이 들어갈 시기에 준비 없이 거친 세상에 나간다면 황망하기 그지없다.

전 직장에서 부장으로 있을 때 조용히 부국장 자리를 제안받기도 했다. 차장을 하고 있어도 이상할 것이 없는 나이에 부국장을 제안받은 건 파격적이었지만 현실을 몸으로 느낀 나는 두말없이 거절했다. 사실 당시 맡고 있던 부장도 버거웠다. 나는 천천히 가는 것이 행복함을 알고 빨리 가는 것을 경계했다. 그러나 결국 회사를 나오게 됐으니 인생은 참으로 알 수 없는 것이다(그냥 부국장 자리를 받아들였으면 어땠을까 하는 상상을 해보기도 했는데, 인생에 있어 절대적으로 옳은 선택은 없단 결론을 내렸다).

능력 있는 사람이 고속 승진하는 걸 막을 수는 없다. 회사에서도 능력이 출중한 사람이 낮은 직급에 매여 있으면 회사에 손해라는 걸 알기 때문에 본인이 반대해도 결국 승진시킬 것이다. 그때는 흐름에 순응하되 그 속도에 취해서는 안 된다. 숨을 고르면서 가라.

승진하기 위해 따로 '빽'을 두고 관리한다고 명절마다 선물을 돌리거나 골프장에 따라다니는 사람까지도 봤다. 절대 그러지 마라. 승진 자체가 목표가 돼서는 안 된다. 승진과 인간관계를 맞바꾸는 경우도 많이 봤는데, 모두 뒤끝이 좋지 않았다.

열심히 작업(?)을 해서 다른 사람을 밀어내고 승진한 선배가 있었다. 주변에서 곱게 보지 않았고, 동료나 선후배들의 심한 견제가 시작됐다. 승진 자체만 신경 썼던 그는 능력이 제대로 준비가 되지 않은 상태에서 팀원들을 관리하고 더 큰 책임을 져야 했다. 상사는 어쨌든 팀원들보다 지식이 많고 업무능력이 뛰어나야 한다. 또 팀원을 관리할 스킬도 있어야 한다. 팀원들은 그를 무시했고, 그는 팀원을 윽박지르는 상사가 됐다. 이런 팀의 실적이 좋을 리가 없고 결국 그는 문책을 받았다. 비로소 그는 자신이 언 발에 오줌 누기를 했다는 걸 깨달았다. 스스로 회사 나가는 날을 앞당긴 셈이다.

'내가 만약 천천히 승진했다면 어땠을까'라는 쓸데없는 가정을 해본 적이 있다. 아마 MBN에 계속 다니고 있었을지도 모른다. 그렇다면 「박종진의 쾌도난마」라는 프로그램도 없었을 것이다. 어쩌면 채널A에서 아직까지 프로그램 앵커로 근무할지도 모른다. 아니면 회사를 뛰쳐나와 지금처럼 프리랜서로 일하는 게 아니라 창업을 했을지도 모른다.

이렇듯 가보지 못한 길이 궁금하긴 하다. 하지만 내 선택을 후회하지는 않는다. 회사에서 나온 대신 나는 더 큰 세상을 만났고, 더 많은 깨달음을 얻었다.

그러니 승진에서 누락되었더라도 슬퍼하거나 괴로워하지 마라. 승진하는 게 좋을지, 하지 않는 게 좋을지는 아무도 모른다. 마음이 조급해져서 섣불리 회사 내 라인을 잡아 승진을 위해 매진하지 마라. 동료들과 함께 조금 천천히 간다고 해도 당신의 삶이 불행해지지 않는다. 누구에게나 자신의 삶이 있다. '다른 삶'이 있을 수는 있지만 '틀린 삶'이란 없다. 조급해 말고 열심히 살아라. 지치지만 않으면 당신은 언젠가 승리할 것이다.

아무리 의연해지려 해도
승진 탈락하면 자존감이
너무 떨어져요. 자존감에 상처 입지
않으려면 어떻게 해야 하나요?

제가 초고속 승진자였잖아요. 위로 올라갈수록 편해질 것 같
죠? 일은 더 많아지고 스트레스가 엄청 가중돼요. 굉장히 외롭
고 불안한 싸움이더라고요. 승진에만 목매지 마세요. 조직 속
에서의 시기와 질투, 그거 감당하기 힘들어요.

어떻게 생각하면 승진은 별 의미 없는 것 같아요. 끝까지 올라가
면? 더 이상 갈 데가 없잖아요. 그저 회사를 빨리 나가는 지름길
이 될 뿐이에요. 위로 올라가는 게 좋은 일만은 아닌 걸 깨닫고
맡은 바 묵묵히 일하세요.

저도 TV 프로그램의 앵커나 MC를 맡다가 도중에 하차해야 하는

일이 있어요. 보통 여러 복잡한 상황이 겹치기 때문이지만 자존심이 좀 상하기도 합니다. 그래도 그때마다 '또 다른 기회를 찾는 계기가 된 것'이라며 스스로를 위로하고 힘을 얻습니다. 실제로 더 좋은 기회가 찾아오기도 했고요.

낭중지추(囊中之錐)라는 말이 있지요? 주머니 속의 송곳처럼 재능 있는 사람은 자연스럽게 알려지기 마련입니다. 자신의 능력을 믿고 스스로를 갈고 닦으세요. 그러다 보면 분명 기회는 올 겁니다. 자신의 위치는 직위가 결정하는 게 아님을 명심하세요. 자존감은 명함에 박힌 직위가 아니라 바로 옆에 있는 사람의 인정에 의해 좌우된다고 봐요. 함께 일하는 사람들이 당신을 인정해주고 높이 평가해준다면 조바심 내지 마세요. 잘하고 있는 겁니다. 기회는 또 있어요.

4

위기를
반갑게 맞아라

중국인은 '위기'를 두 글자로 쓴다. 危機.
첫 자는 위험의 의미이고, 둘째는 기회의 의미다.
- 존 F. 케네디

2010년 11월 23일 오후 2시 30분. 이른바 '연평도 포격 사건'이 발발했다. 느닷없이 대연평도에 북한이 쏜 포탄이 날아들었다. 북의 포격 직후 서해5도에 '진돗개 하나'를 발령하고 해병대가 즉각 대응체제에 들어갔지만 전사자가 두 명이나 발생했다. 게다가 민간인까지 두 명 죽었고, 중경상을 입은 피해자만 해도 군과 민간인을 합쳐 열아홉 명이나 됐다. 각종 시설과

가옥도 다수 파괴됐다. 생업에 종사하지 못한 민간인들의 재산 피해도 수개월간 지속적으로 발생했고, 남북의 관계는 얼어붙었다.

'천안함 피격 사건' 이후 8개월 만에 터진 이 사건으로 남북의 긴장 상황은 전 세계의 주요 관심사이자 정세 흐름을 뒤흔드는 강력한 이슈가 됐다. 확전이 되느냐 마느냐 긴장 속에서 세계의 시선이 한반도로 쏠렸고, 언론사들은 즉각 현장으로 급파되어 매시간 속보를 전하느라 바빴다. 나도 예외가 아니었다. 당시 MBN에서 시사 프로그램을 맡아 진행하던 나는 각 분야의 패널들과 함께 당시 정세와 한반도의 긴장 상황에 대해 시시각각 보도하고 있었다. 당시 한나라당(현 자유한국당) 안상수 대표는 잿더미 속에서 보온병을 들고 포탄이라는 말을 해 누리꾼들로부터 '보온상수'라는 조롱을 받았다. 그리고 그만큼이나 아찔한 사건이 터졌는데, 그 당사자가 바로 나였다. 지금 생각해도 등줄기에서 식은땀이 난다.

당시 김희정 청와대 대변인은 "단호하게 대응하되 확전시키지 말라"는 당시 이명박 대통령의 메시지를 전했다. 방송 중 소식을 전한 나는 "이게 한국말이냐 미국말이냐"라는 코멘트를 했다(이 멘트는 이튿날 모 신문에 제목으로도 뽑혔다). 또 "이런 지시를 듣고 어느 군인이 한 발짝이라도 움직이겠는가"라고 덧붙였다.

생각 없이 한 말이 절대 아니었다. 이 말을 했던 속사정이 있다. 2002년에 있었던 제2연평해전에서 북한 해군의 기습적인 선제공격에 꽃다운 젊은이가 여섯 명이나 죽고 열아홉 명이나 크게 다친 일을 떠올렸다. 나는 그때 비분강개했다. 우리 측은 우세한 화력을 가지고 있음에도 당시 정부 지침에 따라 소극적으로 대응하다가 크게 당했다. 죽고 다친 장병들이 얼마나 억울할까. 위에서 명확한 지침을 주어야 전선에서 제대로 대처할 수 있다. 책상머리에 앉아 즉석에서 짜낸 모호한 지시는 현지에서 싸우는 장병들을 어리둥절하게 할 뿐이다. 그들은 목숨을 걸고 싸운다. 아예 싸움을 피하라고 하든지, 아니면 적극적으로 응전하여 북한 함정을 패퇴시키라고 해야 했다. '적당히 공부하되 시험에서 만점을 받으라'든지 '술을 많이 마시되 취하지는 말라'는 말을 들으면 어떻겠는가.

그러나 방송은 사석이 아니므로 말을 조심해야 했다. 대가는 참혹했다. 뼈아픈 반성을 담은 사과와 해명으로는 상황이 나아지지 않았다. 이전에도 G20 정상회의 행사를 생방송으로 중계한 뒤 "오늘 방송이 재미없어 죄송합니다. 저도 어쩔 수 없이 하고 있습니다"라고 말했다가 회사가 난리 난 적이 있었다. 입심(心)을 발휘한 대가로 책임을 지고 해당 프로그램에서 하차했다. 그동안 쌓은 성과와 이미지도 한 방에 물거품이 돼버렸다.

예고돼 있던 좋은 자리로의 영전 또한 없던 이야기가 됐다. 한 마디로 '물 먹은' 것이다. 할 말은 해야 하는 직설적인 성격이 일으킨 대형 사고였다.

그런데 뜻밖의 상황들이 벌어지기 시작했다. 내 멘트를 요즘말로 '사이다'처럼 느끼는 사람이 제법 있었다. 재밌었다거나 속이 시원하다는 반응이 들렸다. 그동안 나를 멀리하던 동료 및 선후배들과, 거리감이 느껴져 어색하던 사람들조차도 모두 내 편이 되었다. 내가 승승장구하면서 알게 모르게 사람들과 벽이 있었는데, 내가 '물 먹자' 그 벽이 순식간에 무너진 것이다. 사람들과 관계가 좋아진 것은 고비 속에서도 기회가 있다는 말을 실감하게 해줬다. 그러나 냉정하게 살펴보면 역시 나는 위태로운 상황이었다. 영어를 잘 못하는 나는 국제부장으로 다시 좌천됐고, 자중하는 시간을 보내야 했다.

위기에서 기회를 찾아라 :

위기(危機). 위험한 고비나 시기를 이르는 말이다. 위태할 위(危)에 때와 시기를 뜻하는 기(機)를 붙여 쓴다. 여기서 기(機)는 기회라는 뜻도 가지고 있다. 그래서 미국의 케네디 대통령은

"중국인은 '위기'를 두 글자로 쓴다. 첫 자는 위험의 의미이고, 둘째는 기회의 의미다. 위기 속에서는 위험을 경계하되, 기회가 있음을 명심하라"고 말하기도 했다.

나의 위태로운 고비는 기회가 되어 찾아왔다. 직설적으로 말하는 특이한 앵커를 두고 채널A에서 관심을 보였고, 나는 이직했다. 그런데 일주일도 되지 않은 2011년 12월 19일 낮 12시 북한 김정일 국방위원장이 사망했다는 소식이 전해졌다. 나는 당시 스튜디오가 어디에 있는지도 잘 모르는 상황에서 생방송을 진행했다. 특보를 사흘 정도 더 진행하자 좋은 반응이 이어졌다. 회사에서는 사흘 만에 「박종진의 쾌도난마」라는 프로그램을 기획했다. 내 이름을 건 방송은 종편 역사상 큰 획을 그었다는 평을 받을 만큼 공전의 히트를 쳤다.

당시 채널A의 건물에 들어서면 가장 먼저 나의 얼굴과 프로그램 포스터가 방문객을 맞이했다. 나는 대표 프로그램을 맡고 있었고 방송사의 아이콘이 됐다. 게다가 「박종진의 쾌도난마」 생방송이 끝나고 한 시간 후에 방송되는 메인 뉴스까지 3개월간 맡아 진행했다. 나의 체력과 정신력을 고스란히 쏟아부어야 소화할 수 있는 스케줄이었다. 그러나 나는 그 기회를 놓치지 않고 움켜쥐었고 부활할 수 있었다.

우리 삶은 매순간 치열한 전쟁이다. 자칫 방심하거나 실수하면 패전의 쓴맛을 보아야 한다. 특히 조직생활은 인간관계와 일이라는 긴 봉을 들고 조심해서 줄타기를 해야 한다. 그렇게 주의하고 노력해도 위기는 그림자처럼 따라붙는다. 그러나 상황을 이해하고 침착하게 대처한다면, 그 그림자는 우리를 어떻게 하지 못한다. 그림자는 항상 따라오지만 바닥에 붙어 있을 뿐이다. 하지만 그 상황에 휘둘려 좌절한다면 그것은 그림자가 아니라 실체가 돼버린다.

나는 초등학교 5학년 때 웅변을 잘하는 친구가 맹장수술을 받는 바람에 '대타'로 웅변대회에 나가게 됐다. 그때 내가 자신이 없어 포기를 했더라면, 대충 때우자는 마음으로 연습을 게을리 했더라면, 오늘의 '앵커 박종진'은 없었을 것이다. 내게 온 소중한 기회를 놓치지 않고 최선을 다했기에, 대중 앞에 서는 감춰졌던 능력을 발견하고, 이런 일에서 재미와 보람을 느낄 수 있다는 사실도 알게 된 것이다.

집이 가난해도 나는 열심히 공부했다. 선생님은 그런 나를 가상히 여겨 문교부장관상을 받게 추천해주었다. 내가 부잣집 아들이거나, 공부를 못했으면 가당치 않은 일이었다. 또한 대교방송에서 PD를 하다가 퇴사 압박을 받았을 때도 위기였다. 나는 심사숙고한 결과 언론사로 이직을 했고 점차 인정을 받았다. 이후에는 어눌한 말투의 단점은 보완하고 장점은 살려 앵커를 했다. 돌이켜보면 나의 삶은 늘 위태로웠고 고비였다.

여러 위기를 맞닥뜨리며 살아오다 보니 조급해하다간 또 다른 고비가 찾아올 거란 생각이 들었다. 채널A를 퇴사하고 나서 TV조선 프로그램을 맡게 됐을 때였다.「강적들」과「대찬 인생」은 많은 패널이 나왔다. 서두르지 말자고 스스로를 다독였다. 어찌 보면 말이 많아야 두각을 나타내는 자리임에도 각 프로그램에서 나는 말을 아낌으로써 자리를 빨리 잡을 수 있었다. 패널들의 말을 이끌어낼 수 있도록 경청하고 그들의 말에 따라 반응하려 했던 것이다. 그들에게 충분한 기회를 주면서 오히려 내가 살 수 있었다.

돌이켜보니 위기에 대처하는 나만의 노하우가 두 가지 있다. '침착하라', 그리고 '주변 사람들을 챙겨라'. 부정적인 감정에 휘말리지 않고 위태로운 상황을 어떻게 돌파할지 침착하게 생각하면 묘안이 떠오른다. 또한 주변 사람들을 평소에 챙기면 위기 상황에서 그들이 당신을 좌시할 리 없다.

OECD 가입 국가 중 대한민국은 자살률이 13년째 1위다. 38분마다 한 명씩 자신의 목숨을 저버린다. 우리 사회는 위기 속에서 부정적인 감정에 휩싸인 개인을 구조하지 못하고 있다. 당장 국가나 사회 시스템이 제대로 작동하지 않으니 스스로 마음을 챙겨야 한다(물론 구조적 문제를 해결하는 것이 우선이지만 하루 아침에 될 일은 아니다). 위기는 누구에게나 힘들다. 또 누구에게나 찾아온다. 그러나 제아무리 큰 태풍과 눈보라도 결국 잦아들게 되어 있다. 진흙탕 늪에서는 허우적거릴수록 더 깊이 빠져든다. 위기도 숨을 고르며 침착해야만 빠져나올 수 있다. 바로 옆, 당신과 시선이 닿은 사람을 부여잡아라. 친구, 동료, 형제, 당신의 부모가 바로 그들이다. 당신이 관계를 맺고 있는 모두가 기회의 선물이다.

위기 속에서도 침착함을
유지하는 노하우가 있나요?
마음을 다잡고 기회를 찾으려면
어떤 마음가짐을 가져야 할까요?

│ 저는 위기가 오면 성격을 무디게 만들려고 노력합니다. 위기
로 인해 마음의 동요가 잘 일어나지 않도록 해보는 거죠. 방송
할 때 문제가 발생해서 승진에서 미끄러지고 결국 회사를 그
만두게 됐을 때 전 이렇게 생각했어요. '내 능력 밖의 일이다.' 그
건 인사권자의 권한이잖아요. 승진을 하고 안 하고는 내가 결정
할 수 있는 문제가 아니라는 겁니다.

물론 저도 처음부터 그랬던 건 아니에요. 침착하지 못했을 때도
있었죠. 그런데 지나고 나서 알게 되었습니다. 정말 능력이 있으
면 여기가 아니라도 인정받게 될 거란 사실을요. 그러니 괜히 조

급해서 전전긍긍해봤자 아무런 도움도 안 됩니다.

자신이 컨트롤할 수 있는 영역에만 집중하세요. 내가 바꿀 수 있는 일에 시간을 쏟고 그 부분만 생각하는 게 맞다고 봐요. 위기는 어디서든 찾아옵니다. 위기는 대체적으로 외부 충격이니 본인의 힘으로 어찌할 수 없어요. 그런 충격에 흔들릴수록 본인만 손해란 점을 상기하세요. 내가 할 수 있는 최선은 흔들리지 않는 겁니다. 물론 내공을 쌓아야 가능하겠죠. 할 수 없는 건 빨리 잊고 내게 주어진 일에 최선을 다하세요. 그러다 보면 마음의 평온이 찾아올 겁니다.

5

인사청탁의 결과는
공멸이다

관직을 다스릴 때에는 공평함만 한 것이 없고,
재물에 임하여는 청렴함만 한 것이 없다.
- 충자

청탁은 모두를 망친다

　어느 선배의 이야기다. 친한 친구가 그의 아들을 취업시켜
달라고 선배에게 조르고 졸랐다. 빚까지 지면서 아들을 미국에
보내 경영전문대학원(MBA)을 졸업시켰는데, 취직이 안 돼 낙
담하고 있으니 도와달라고 눈물로 호소했다. 한사코 거절했으
나 친구는 포기하지 않았다. 할 수 없이 친하게 지내던 기업 대
표에게 간곡히 부탁해 친구의 아들을 취업시켰다. 그런데 6개

월이 되지 않아 회사의 대표가 그 선배에게 전화를 했다. "그 아들이 엑셀조차 잘 못하는데다 업무를 너무 못 따라가 고민"이라는 것이다. "웬만하면 말 안 하려고 했는데 어떻게 해야 할지 모르겠다"고 하소연했다. 선배는 마음 같아선 당장 '자르라'고 말하고 싶었으나 눈물을 흘리던 친구를 생각하니 그럴 수도 없었다. 할 수 없이 선배가 그 아들을 만나 자초지종을 들었다.

아들의 이야기인즉 "나는 MBA를 나왔는데 회사에서 시키는 업무는 너무 단순한 것이라 의욕이 생기지 않는다"는 것이다. 너무나 철없는 얘기에 한숨이 나왔다. 선배는 친구 아들을 잘 달래어 "엑셀이나 파워포인트는 업무에 꼭 필요하니 지금 잘 배워야 한다. 선배들이 복사하라고 시켜도 해야 한다. 화가가 간단한 스케치도 못하는데 어떻게 대작을 그릴 수 있겠느냐. 아버지가 너 때문에 마음의 빚을 얼마나 졌는지 아느냐"라고 이야기하며 오랜 시간 설득했다.

아들은 자신이 경솔했음을 인정하고 반성하면서 앞으로는 이런 소식이 들리지 않게 하겠노라고 다짐했다. 한편으로는 회사 대표를 만나 친구의 아들이 한국에 돌아온 지 얼마 되지 않았으니 3개월만 시간을 더 달라고 사정했다. 얼마 뒤 회사 대표는 친구 아들의 태도가 180도 바뀌어 지금은 열심히 일하고 있다고 말했다. 선배는 한시름 놓았지만 찝찝한 기분을 지울 수는 없었다. 선배는 회사 대표에게 안부 전화를 하거나 가끔씩 골프를 함께 치며 친구 아들에 대해 지속적으로 당부했다.

3년이 지난 후 회사 대표가 선배에게 언성을 높이며 말했다. 친구의 아들이 사표를 냈다는 것이다. 다른 회사에서 좋은 조건을 제시해 옮기겠단 얘기였다. 부탁을 받아 사회 초년생에게 열심히 업무를 가르쳐 이제 겨우 제 역할을 할 만하게 됐는데 나가겠다는 말을 들으니 무척 속이 상한 모양이었다. 그 대표는 "우리 회사는 그냥 거쳐 가는 취업 아카데미냐. 너무한 것 아니냐"고 했다. 선배는 다시 친구 아들을 만났다.

"저에게 조언을 해주신 뒤로 정말 열심히 일했습니다. 그런데 회사 직원들이 저를 낙하산 취급하며 뒤에서 쑥덕거리니 더 이상 견딜 수가 없습니다."

선배도 중간에서 난처한 입장에 몰리자 더 이상 참을 수 없었다. 대표에게 "이제 관여 않겠다"고 말했고, 친구에게도 똑같은 내용을 전했다. 그 결과 선배는 회사 대표와도 멀어지고, 자신의 친구도 잃게 됐다. 선배는 이후로 인사청탁을 하지도 않고 받지도 않는다.

인사청탁으로 입사를 요청했다고 치자. 여러 명이 피곤해진다. 입사를 부탁한 사람, 입사한 사람, 사장에게 소개한 사람, 그회사 사장, 그리고 인사청탁으로 입사 기회를 잃은 제3자까지.

인사청탁으로 입사한 사람이 일을 못해도 문제고, 잘해도 문제다. 일을 못한다면 소개해준 사람의 체면이 서지 않는다. 무능한 사람은 달리 갈 곳도 없어 그 회사의 월급만 축낼 가능성이 많다. 청탁을 받은 사장은 입사자가 일을 못하고 사고를 쳐도 소개해준 사람과의 관계를 생각해 자르지도 못한다. 청탁한사람도 좌불안석일 것이다. 가전제품은 AS보증기간이라도 있지만, 인사청탁을 하면 그 사람이 퇴사하는 날까지 맘 졸여야한다.

일을 잘하면 문제가 없을 것이라고 생각하지만, 그것도 아니다. 자신의 실력으로 당당하게 들어갔다면 회사에서도 인정받고 승승장구할 것이다. 그러나 다른 직원들은 낙하산으로 입사했다며 제대로 평가해주지 않는다. 직장생활은 서로 도와가며협력해 일해야 한다. 아무리 유능한 사람이라도 혼자서 다 할수는 없다. 그런데 누군가의 '빽'으로 들어왔다면 늘 경계의 대상이며, 아무도 진심으로 대하지 않을 것이다. 나는 힘들게 입사했는데 무혈입성無血入城한 사람이 곱게 보일 리 있겠는가. 낙하산임을 아무리 숨기려 해도 소용없다. 인사청탁으로 입사한 사람은 동료들이 다 안다. 세상에는 비밀이 없다. 또한 처우 개선을 대놓고 요구하지도 못하며, 다른 직장으로 옮기지도 못해 전전긍긍한다.

내게도 자식이 취직할 수 있게 도와달라는 인사청탁이 많이 들어왔지만 모두 거절했다. 사실은 거절이랄 것도 없다. 인사청탁으로 취직하려는 사람은 대부분 해당 기업에 입사할 실력이 되지 않는다. "돕고 싶지만 내가 힘을 써도 어려울 것"이라고 말했다. 만약 실력이 되는 사람이 청탁을 하면 "그 실력이면 당당하게 입사하라. 낙하산으로 찍혀 내내 고생할 게 뻔하다"라고 말해준다. 청탁을 한 사람들은 내 말에 대부분 수긍했다.

나는 세상이 좀 더 공정하면 좋겠다. 학연·지연·혈연으로 이익을 보는 일이 없었으면 한다. 아는 사람이나 그의 지인을 입사시키는 일은 더 이상 없어야 한다. 또한 공직자들이 퇴직하고 나서 보상으로 낙하산으로 꽂히는 일도 마찬가지다. 재계나 종교계에서 이뤄지고 있는 세습도 큰 문제다. 정치인들이 자신의 사무실에 가족을 취업시키거나 기업에 압력을 넣는 일도 이제는 없어져야 한다.

재벌 2세가 경영에 대한 재능이 있거나 열정을 가질 수도 있다. 하지만 회사에 이미 전문적인 식견과 경험이 있는 능력자들보다 당장 더 뛰어난 성과를 올릴 수 있을까. 나이 어린 2세가 회사를 물려받아 문제가 생겼다는 얘기는 자주 접한다. 대부분 의욕적으로 신사업을 벌이다가 실패하는 등 여러 시행착오를 겪는다. 그 과정에서 그는 경험을 얻겠지만 회사는 그 비용을 비싸게 치러야 한다. 회사는 재벌 2세들이 가지고 노는 장난감이 아니다. 연습 삼아 이것저것 해보기에는 고용된 직원이나 산업에 끼치는 영향력이 크다. 기업은 사회로부터 이익을 얻었으니 과실(果實) 또한 사회와 나눠야 한다. 자식들에게 회사를 물려주는 것은 넓게 보자면 대한민국 경제에 해를 끼치는 것이다.

특히 한국에서 파행적으로 이뤄지고 있는 순환출자(주식의 상호 소유)도 큰 문제다. 재벌그룹들이 계열사를 늘리고 계열사를 지배하기 위해 사용하는 방법인데, 한정된 주식으로 문어발처럼 계열사를 늘려놓고, 계열사끼리 서로 지분을 보유하면서 부당하게 그룹 전체의 경영권을 행사한다. 재벌 일가족이 그룹을 소유하려는 꼼수다. 계열사 간의 일감 몰아주기, 무분별한 사업 다각화, 재벌 가족들의 사욕으로 인한 주주들의 피해 등 많은 문제점을 드러내고 있다.

가장 투명해야 할 종교계에서도 이런 일이 비일비재하다. 탐

욕에 눈이 먼 사람이 어떻게 종교 지도자를 하며, 그 사람이 과연 신도들에게 당당할 수 있는지 의문이다.

우리는 북한의 3대 세습정권을 보며 "제정신이 아니다"라고 말한다. 그러나 그런 일이 대한민국에서도 벌어지고 있다. 자신은 버젓이 세습경영을 하면서 북한 세습정권을 욕한다. 똥 묻은 개가 겨 묻은 개를 보고 뭐라고 하는 꼴이다. 제발 실력대로 살고 분수를 알자. 자신의 사욕을 채우기 위해 상식과 양심을 무시하는 일을 하지 말자. 누구를 탓하기 전에 나부터 떳떳해지자.

Q&A

자신이 '흙수저'라면
혈연이든, 지연이든, 학연이든
어떻게든 인연을 만들어서 취업도 하고
기회를 잡아야 하는 거 아닌가요?
제3자를 통한 청탁이 아닌
스스로 연을 찾아서 읍소하는 건요?

대단한 생각이네요. 제가 회사 사장인데, 비록 모르는 사람이 무작정 찾아왔더라도 자기 PR을 성심껏 하면서 "당신 학교 후배다. 고향도 같다. 기회를 주면 열심히 하겠다" 그러면 열정을 높이 살 것 같은데요? 이럴 때 혈연·지연·학연 내세우는 건 청탁이 아니라 자신을 부각시킬 기회로 삼는 수단에 불과하죠.

그건 능력입니다. 흙수저로 살아와서 '빽'이 없는데 스스로 개척해나가는 거잖아요. 제3자를 통한 인사청탁이 문제지 스스로 찾아가 회사에 어필한다면 용기 있는 행동이지요.

그 사람 입장에서는 자기 PR이 최선이라고 봐요. 그런 열정과 패기, 높게 삽니다. 실제로 자수성가한 사람들의 이야기를 들어보면 이 같은 적극적인 자기 PR과 인연을 만들려는 노력에 대한 스토리가 있더군요. 그렇게 해보세요. 좋은 소식 있을 겁니다.

6

낭중지추,
인재는 눈에 띈다

우리는 기회를 기다리는 사람이 되기 전에
기회를 얻을 수 있는 실력을 갖춰야 한다.
- 안창호

결국 유능함은 드러난다

"나는 똑똑한데 왜 이렇게 안 풀리지?"

"나처럼 유능한 사람이 왜 이 꼴로 살고 있을까?"

가끔씩 이런 푸념을 듣는다. 자신은 똑똑하고 유능한데 세상
이 알아주지 않는다는 신세 한탄이다. 대개 이런 사람들은 머
리는 좋지만 '나 잘난 맛'에 산다. 이들이 성공하지 못하는 이유
는 자신만의 차별성을 갖추지 못했거나 인간관계가 서투르기

때문이다. 그렇지 않다면 반드시 드러나 제대로 쓰이게 되어 있다. 사랑과 재채기는 아무리 숨기려 해도 숨길 수 없다고 하는데, 유능한 인재는 그것보다 더 숨길 수 없다. 남이 몰라준다고 섭섭해하지 마라. 고졸이건, 지방대를 나왔건 상관없다. 내가 유능한데도 이른바 스펙 탓에 차별받는다고 생각하지 마라. 만약 당신이 끝까지 인정받지 못한다면 스펙이 아니라 당신에게 다른 문제가 있는 건 아닌지 돌아봐야 한다.

MBN의 박진성 보도국장은 자연스레 빛을 본 예다. 그는 매우 스마트한데 굳이 그걸 드러내어 밖으로 보이지 않았다. 그에 대한 인사발령에 능력을 인정 못 받는다고 안타까워하는 선후배들도 있었지만, 그는 늘 평정심을 유지했다. 오히려 다른 사람들을 배려하고 묵묵히 성실하게 일했다. 그러니 회사에서 그의 능력을 인정하지 않을 수 있겠는가. 결국 박진성 기자는 선배들을 모두 물리치고 최단 기간에 최연소 중앙언론사 보도국장이 됐다. 청와대에서 함께 일해 그에 대해 잘 아는 선배로서 박진성 국장은 후배지만 존경스럽다.

어떤 이들은 일을 잘하는데도 알아주지 않으면 회사 내 유력한 상사의 라인을 타려고 하거나, 무리해서 자신을 드러내려고 하기도 한다. 기자 사회에서도 자신이 원하는 부서에 가거나 앵커를 하기 위해 선배들에게 부탁을 하고 다니는 사람들이 있다. 결론부터 말하자면, 그런 행동이 오히려 자신의 입지를 위축시킨다. 조직은 살아 움직이는 생명체와 같다. 오늘 어떤 사람이 득세하지만, 내일은 다른 사람이 일어난다. 이른바 빽으로 성공하려고 하면, 당장은 원하는 바를 이룰지 모르나 그 세력이 쓰러졌을 때 자신도 따라 주저앉게 된다. 또한 자꾸 나서고 자신을 부각시키려다 보면 필연적으로 시기하고 질투하는 사람이 많아진다. 실력에 자신 있다면 눈치 보지 말고 맡은 일을 묵묵히 하는 것이 낫다.

jtbc의 오대영 기자는 이전 직장에서부터 앵커를 하고 싶어했다. 그는 라인을 찾기보다는 맡은 일에 충실했다. 사람들은 모두 그를 눈여겨보았는데 역시 기대를 저버리지 않았다. 2011년에는 방송기자상을 탔고, 아직 마흔도 되지 않았는데 앵커와 기자로서 맹활약하고 있다. MBN의 김형오, 김명준 앵커, TV조선의 엄성섭 앵커, jtbc의 임소라 앵커나 채널A 천상철 앵커, 그리고 이언경 앵커도 낭중지추(囊中之錐)다. 스스로 나서지 않아도 사람들은 이미 그들이 뛰어난 기자며 앵커의 자질이 있음을 알았고, 때가 되니 그들의 바람을 이룰 수 있었다. 이들은 모두 내가 사랑하는 자랑스런 후배들이다.

한때 새누리당 비상대책위원과 혁신위원장을 맡았던 클라세스튜디오 이준석 대표는 원래 국회 인턴 출신이다. 경제학을 부전공으로 하고 있었기에, 경제 분야에서 활약하던 국회의원들에게 찾아가거나 전화를 해, 인턴을 찾고 있는지 수소문했다. 마침 새누리당 유승민 의원이 금융감독원 쪽 일을 하고 있었는데 해외 사례를 조사한다고 해서 번역이라도 돕겠다며 인턴 생활을 시작했다. 그 인연으로 새누리당에서 중책을 맡았다. 내가 만나본 이준석 대표는 정책이나 정치에 대한 안목이 나보다 뛰어났다. 특히 좌우를 균형 있게 바라보며 분석하는 모습을 보며 감탄했다. 머리가 희끗한 정치인들이 한 수 접어주지 않고 같은 눈높이에서 정치에 관해 토론할 수 있는 20대(이제 30대가 됐다)가 대한민국에 몇이나 되겠는가. 나이의 권위를 무너뜨리는 인재다. 그를 만나고 나서 나는 이준석 대표를 발탁하지 않을 수 없었던 새누리당의 입장을 충분히 이해했다. 국회 인턴이나 보좌관 출신은 많지만 모두 이 대표 같지는 않다. 하버드대학교 출신(이준석 대표가 하버드대 학사다)도 있지만 역시 마찬가지다. 이런 사람을 몰라볼 수는 없다. 역시 낭중지추다.

준비가 되어야 기회도 온다

노무현 대통령 집권 당시인 2006년 북에서 돌발적으로 핵실험을 했다. 당시 남북 관계는 갈등 없이 평화로운 분위기였는데, 북측에서 아무런 낌새도 풍기지 않다가 급작스레 핵실험을 감행한 것이다. 너무나 뜻밖의 상황인데다 사안이 중대하니 가장 먼저 보도해야 했다. 기자들은 앞다투어 노트북 앞에 앉아 자판을 부수기라도 하듯이 두들겨댔다. 이런 경우 다른 매체보다 빠르게 보고하고 가장 먼저 보도하면 데스크로부터 칭찬을 듣고 운이 좋으면 상까지 받는다. 하지만 보도 시기가 조금만 늦어도 데스크는 "물 먹었다"며 면박을 준다. 불과 몇 초 사이에 천국과 지옥을 왔다 갔다 하는 상황이었다.

나는 기자회견 직후 즉시 전화기를 들었다. 다른 기자들이 컴퓨터로 기사를 작성하고 있을 때 전화번호를 누르면서 머릿속으로 기사를 작성했고, 데스크에게 곧바로 기사를 불러줬다. 결과는 성공적이었다. 내가 몸담은 매체가 다른 어느 매체보다 빨리 기사를 내보냈다. 통신사보다도 앞섰다. 다른 매체의 기자들은 당황해하는 기색이 역력했다. 아직 기사를 쓰는 중인데 벌써 보도가 나온 것이다.

『논어』에 이런 말이 나온다. '군자는 말은 어눌해도 행동은 민첩하다(君子欲訥於言而敏於行).' 나는 이 말을 금과옥조로 삼아 왔다. 말이 느리니까 행동이라도 빨라야 한다고 다짐했고 스스로 실천했다. 그 결과 이제는 몸에 밴 습관이 됐다.

2011년 12월 19일 낮 12시 북한 김정일 국방위원장 사망 소식이 전해졌다. 당시 채널A로 옮긴 지 일주일도 되지 않은 상황에서 본부장은 나에게 생방송을 준비하라고 했다. 당초 이 회사에 경력 입사할 때 앵커를 하지 않기로 했다. 당시 나는 남은 언론인 생활을 취재기자로만 보낼 생각이었다. 그러니 몸도 마음도 생방송 진행에 무방비였다. 하지만 일단 군소리 없이 바로 카메라 앞에 섰다. 방송 원고는 물론이고 화면에 내보낼 영상도 없어 북한 관련 자료화면만 계속 되풀이해서 틀며 두 시간을 진행했다.

방송의 반향은 생각보다 컸다. 격려와 칭찬이 이어졌고 나는 특보를 사흘 정도 더 진행했다. 살다 보면 기회는 파도와 같이 밀려온다. 그 파도를 타고 나는 사흘 만에 「박종진의 쾌도난마」라는 프로그램을 진행하게 됐다. 방송 프로그램을 새로 시작하려면 대개 한 달 이상 걸리는데, 나는 번갯불에 콩 구워 먹듯 프로그램을 출범시켰고, 다행히도 시청자들의 사랑을 받았다. 방송을 통해 나는 '한나라당 전당대회 돈봉투 사건' 등 우리나라 정치 판도를 바꿀 만한 특종을 보도하기도 했고, 신생 방송사 채널A가 자리를 잡는 데 미력하게나마 역할을 했다.

이렇듯 나는 생각이 떠오르면 바로 움직이고, 기회가 주어졌을 때 망설이지 않는다. 주저하지 않고 늑장을 부리지 않는다.

만약 내가 그때 스튜디오조차 어디에 있는지도 모르는데 어떻게 방송 진행을 하느냐고 볼멘소리를 했거나, 프로그램을 사흘 만에 준비할 수는 없다고 고사했다면 '오늘의 박종진'은 없을 것이다.

낭중지추형 인재들에게는 특징이 있다. 그들은 모두 '자기확신'이 강하다. 스스로를 믿으며 자신의 장점과 단점을 잘 파악하고 있다. 성공은 자기를 믿는 것에서부터 시작된다. 마치 집 냉장고에 성공이 있으니, 언제든 꺼내 먹으면 된다는 식이다. 남이 알아주지 않아도 개의치 않는다.

수포자(수학포기자) 중에는 수학 문제가 한번 잘 안 풀리기 시작한 것이 원인이 되어 점차 흥미를 잃고 수학 자체를 아예 포기하게 된 경우가 많다. 수학을 잘하는 사람들도 처음부터 수학이 재밌기만 했던 것은 아니다. 개념을 충분히 숙지하고 연습문제를 통해 확인하는 과정이 필요하다. 그것을 견디고 나면 술술 해법이 떠오르면서 흥미가 붙는다. 그러나 수학을 못하는 사람들은 지레 겁을 먹고 개념조차 익히지 않는다. '내가 못할 것 같다'는 실체 없는 두려움이 현실로 나타난다. '자기충족 예언(self-fulfilling prophesy)'이 실현되는 것이다. '반드시 된다'고 생각하면 되고, '안 될 것 같다'고 생각하면 안 된다. 자기를 못

믿으니 조바심을 내고 남에게 부탁하며 몸이 달아 못 견디는 것이다.

한나라 고조 유방의 책사인 한신은 젊은 시절 자신에게 시비를 걸던 건달의 가랑이 밑으로 기어갔다. 자기확신이 있었기에 그런 수모를 참을 수 있었던 것이다. 조선시대의 한명회 역시 마흔이 다 되어 궁지기가 된 주제에 수양대군을 찾아가서 일을 돕겠다고 자청했다. 지금으로 치면 9급 공무원이 대권 주자에게 가서 당신에게 힘이 되겠노라고 큰소리를 치는 꼴이다. 그는 결국 환갑이 되어 조선의 2인자가 됐다. 로큰롤의 여왕이라 불리는 세계적 가수 티나 터너(Tina Turner)는 녹음 당일 유명 가수가 펑크를 내자 대신 노래를 불러 스타가 되었다. 주인공 대신 대사와 노래를 외웠다가 우연히 대타로 스타덤에 오른 뮤지컬 스타도 많다.

조바심 내지 마라. 자신이 '송곳'이라는 확신을 가져라. 그리고 기회가 올 때를 기다리며 날을 세워라. 기회만 잡으면 언제든 드러난다. 자신이 업그레이드되는 모습이 스스로 확인되면 기다림도 즐겁다. 먼저 어떤 부분이 강하고 어떤 부분이 취약한지 냉정하게 분석해야 한다. 나는 직설적이면서도 어눌한 말투를 강점으로 살려 자리를 잡았다. 점잖게 말하는 앵커는 많지만, 나같이 솔직하고 단도직입적으로 말하는 사람도 방송에 꼭 필요하다는 판단을 했다.

　외국어 능력에 문제가 있다면 인터넷 강의를 수강하든지 출퇴근길에 공부를 하라. 자신이 일하고 있는 분야의 전문지식이 부족하다면 전문가를 찾아서 도움을 구하라. 진솔하게 부탁하면 냉정하게 뿌리치는 사람은 없을 것이다. 꾸준히 책을 읽고 뉴스를 보고 지식을 습득하라. 인간관계에 자신이 없다면 멘토를 찾아라. 사람들을 자주 만나라. 그러면 제갈공명을 찾아오는 유비처럼, 당신을 쓰려고 하는 자가 나타날 것이다. 자기 자리에서 노력하면서 늘 준비하라.

본인이 '인재'라고 생각하는데
연봉 인상률이 너무 낮거나
합당한 대우를 해주지 않으면
어떻게 해야 할까요?
연봉협상을 잘하는 법이 있나요?

저도 연봉협상에는 젬병이에요. 돌이켜보니까 한 번도 먼저 돈 얘길 한 적이 없네요. 사람이 괜히 치사해 보이는 것 같아서……. 그리고 사실 말이 협상이지 대부분 일방적인 통보잖아요. 협상 때 "이 연봉에는 사인 못하겠습니다"라고 하면 어떻게 됩니까. "네, 그러면 원하시는 연봉을 제시해보세요" 이러지 않잖아요. 바로 항명한다고 찍힐걸요.

회사에서는 보통 이미 급여로 나갈 돈을 딱 정해놔요. 연봉 올려줄 걸 대비해서 예산을 탄력적으로 짜지 않죠. 그래서 협상이란 게 이뤄질 여지가 별로 없어요. 만약 연봉 제시액에 강하게 항의

해서 회사 측과 티격태격 한참 했다고 쳐요. 회사에서 연봉을 올려줄 수도 있을 겁니다. 근데 절대 원하는 만큼은 아니에요. 옜다, 받아라, 하는 식으로 찔끔 올려주고 생색낼 겁니다. 그러고는 블랙리스트에 올려놓을지도 모르죠.

제 생각은 그래요. 그 회사가 마음에 든다면 연봉은 제시하는 대로 받아들이는 게 나아요. 연봉협상 자리에서 바로 웃는 낯으로 사인하는 거죠. 그러면서 자기 어필은 충분히 하는 게 좋습니다. "그간 내 성과가 굉장히 많았고, 앞으로도 열심히 할 생각이니 다음엔 연봉 많이 올려줬음 좋겠다"고요. 그러면서 자신이 원하는 부서나 업무에 대해서 얘기해도 괜찮고요. 연봉협상 때 사측은 상당히 예민해져 있는데 이렇게 '쿨하게' 계약서에 서명하면 고마워합니다. 나중을 위해서 그게 좋은 것 같아요.

사실 몸값 높이고 싶으면 이직을 하는 게 가장 현실적인 방법이죠. 연봉협상하기 가장 좋은 시기가 새로운 회사에 들어갈 때입니다. 과감하게 직설적으로 얘기하세요. "이 정도로 못 맞춰주면 안 가겠다"고요.

7

직장과 궁합이
맞아야 한다

자기가 나설 장이 아닌 곳에 나서지 마라.
세상에는 빈 곳이 얼마든지 있다.
- 헨릭 입센

회사가 버리기 전에 당신이 회사를 골라라

상사 때문에 사표를 써서는 안 된다. 그러나 회사의 전반적인 분위기나 철학, 비전이 나와 맞지 않는다면 무조건 떠나는 것이 정답이다. 회사를 고치려고 해도 소용없다. 절이 싫으면 중이 떠나야 한다. 악전고투하며 회사를 고친다고 해봐야 어차피 그 회사는 당신 것이 아니다. 그냥 떠나야 한다.

학창 시절부터 봉사활동을 열심히 다니던 후배가 있었다. 술과 담배를 가까이하지 않았고, 사람들을 도우며 사는 것이 가장 큰 행복이라는 후배다. 서울대를 나온 그는 학업성적도 우수하고 머리도 좋아 졸업 즈음에 여러 기업에 동시에 합격했다. 고민 끝에 그는 연봉이 높고 복지 혜택이 좋은 대기업에 입사했다. 그가 대학 때 공부를 열심히 한 이유는 집안 형편이 좋지 않은 탓도 있었다. 그러나 그가 입사한 기업의 문화는 그에게 맞지 않았다. 전반적으로 술을 많이 마시는 문화가 만연해 있었다. 작은 기업에나 맞을 법한 일까지 가로채 극단적으로 이익을 추구하는 대기업의 행태도 불만이었다. 불행 중 다행인 것은 좋은 상사를 만났다는 것이다. 상사는 유능한 그를 놓치기 싫어 술을 강요하지 않았고, 여러 가지 배려도 아끼지 않았다.

3년 동안 버텼다. 포기하기에는 기업의 처우가 너무 좋았다. 좋은 상사도 있고, 연봉도 꽤 높은 편이었다. 공부를 하고 싶다면 무료로 학비까지 지원해준다고 했다. 그러나 그는 여전히 직장이 마음에 들지 않았다. 고민 끝에 상사에게 본심을 털어놓았다. 상사는 충고를 늘어놓았다.

"목표에 도달하기 위해선 힘들어도 좀 참아야 해. 배를 타고 강 건너편에 닿으면 배를 버리면 돼. 그때까지는 열심히 노를 저어야지. 열심히 일해 기반을 마련하고 그다음 네가 하고 싶은 일을 해. 직장을 자꾸 옮겨 다니는 건 좋지 않아. 경력 관리를 해야지."

간곡하게 퇴직을 만류하는 상사의 말은 일리가 있어 직장을 계속 다니기로 결심했다. 자신이 빠지면 업무에 공백이 생겨 선배에게 폐를 끼치게 될 것도 걱정됐다. 그러나 하기 싫은 일을 하다 보니 몸에 탈이 나기 시작했다. 위염이 생기고, 장에도 문제가 생겼다. 병원에 가도 뾰족한 수는 없었다. 의사는 '신경성'이니 마음을 편안히 하라는 말을 했다. 주는 약을 먹어도 그때뿐이고, 다시 탈이 나기를 반복했다.

그렇게 1년을 더 다니니 이번에는 간이 상했다. 어쩔 수 없이 병원에 입원했다. 그는 병상에서 고민을 거듭한 끝에 퇴사를 결심했다. 연봉은 작지만 봉사활동을 할 수 있는 국제 NGO를 찾았다. 일은 아침 일찍 시작하여 늘 늦게 끝나고 복지 혜택도 거의 없었지만 그는 마침내 일하는 보람을 찾았다.

그 상사의 말은 옳다. 목표가 있다면 때로는 싫은 일도 해야 한다. 경력 관리를 잘해야 하는 것도 사실이다. 그러나 가장 중요한 것이 빠졌다. 자신과 전혀 맞지 않는 일을 해서는 안 된다. 후배는 NGO에서는 힘들게 일해도 가슴이 뛴다고 말했다. 그처럼 열심히 일해도 오히려 건강이 좋아졌다고 한다. 경력 관리만 해도 그렇다. 자신이 원하지 않는 일을 경력으로 삼으면 평생 그 분야의 일만 해야 한다. 중간에 바로잡지 않으면 안 된다.

준거집단(準據集團)▪에 속하면서 원하는 일을 하면 효율도 높아져서 더 큰 능력을 발휘할 수 있다. 그러나 비준거집단에 계속 머물러 있다면 스트레스로 정신적·육체적 건강을 해친다. 크게 보면 회사에도 손해고, 나아가 국가에도 손해다.

평생직장? 아니, 평생직업! ●

생일을 맞은 아내와 오랜만에 영화를 보기로 했다. 늘 바쁘게 사는지라 아내와 영화 볼 시간을 거의 갖지 못했다. 그날도 아내와의 데이트를 위해 억지로 서너 시간 정도의 짬을 낸 상황이었다. 마침 주중이라 영화관은 한산했다. 나는 영화평론가들에게서 극찬을 받은 영화를 골랐다. 그런데 이건 해도 해도 너무했다. 지루했다. 시작한 지 30분도 되지 않았는데 여기저기서 자는 사람들이 보였다. 나는 작은 목소리로 아내에게 재미있느냐고 물어봤다.

"좀 더 보자. 재미있어질지도 모르잖아."

▪ 자기의 행위나 규범의 표준으로 삼는 집단. 소속 집단과 반드시 일치하는 것은 아니다.

그러나 영화는 끝까지 재미없었고 우리에게 별다른 감동을 주지도 않았다. 내가 보기엔 플롯도 대사도 별로였고 개연성도 없었다. 게다가 두 시간 반이 넘는 영화였다. 우리는 그날 기분이 우울해져버렸다. 끝까지 버틴 것이 어리석었다. 중간에 나와 다른 영화를 봐야 했는데 시간을 날린 것이다.

당신은 손오공처럼 분신술을 써서 여러 삶을 사는가? 당신은 300살까지 사는가? 하루를 48시간 동안 쓰는가? 한 번뿐인 삶이다. 이직은 어떤 영화를 볼지 선택하는 것과 같다. 행여나 '내가 빠지면 선배가 힘들지 않을까', '내가 없어도 후배들이 잘할 수 있을까'라는 고민을 한다면 망상이다. 당신이 없어도 그 팀은 잘 돌아간다. 조직은 개인을 중심으로 굴러가지 않는다. 착각하지 마라.

세상이 많이 바뀌었다. 평생직업은 있어도 평생직장은 찾기 힘들다. 한 직장에 들어가 꾸역꾸역 버티면서 정년까지 다니는 시대는 지났다. 회사는 당신을 언제 버릴지 모른다. 회사 망하는 것도 부지기수다. 다른 회사에서 좋은 조건을 제시하고 그 회사의 가치와 비전이 자신과 맞는다면 고민하지 말고 옮겨라.

아무리 유능하더라도 실수를 하거나 가치가 떨어지면 회사는 한순간에 직원을 버린다. 당신이 회사에 뼈를 묻을 각오로 열심히 일했더라도 회사의 사정이 나빠져 구조조정을 한다면 역시 언제든 버려진다. 회사는 이익집단이며 자선단체가 아니다. 당신은 예외라고 생각하는가? 그렇지 않다. 언제든 버려질 수 있다. 그러니 회사가 당신을 버리기 전에, 당신이 회사를 다시 판단하라. 본인과 맞는 회사가 없고 자신이 정말 하고 싶은 일이 있다면, 창업하라.

「BLINK」라는 사진잡지가 있다. 2010년에 창간하여 7년째 발행되고 있다. 김아람이라는 에디터가 혼자 글을 쓰고, 편집하고, 디자인하는 1인 잡지다. 그녀는 어릴 때부터 사진작가가 되고 싶었지만 집안이 가난해 꿈을 이루지 못했다. 대신 좋은 사진잡지를 만들고 싶어 막 창간하는 잡지사에 입사했다. 해외 유명 작가들의 좋은 사진만 보면 유명인일지라도 섭외에 몰두했다. 사진 사용료를 주지는 못하지만 우리 잡지를 통해 한국 독자들에게 당신을 알리는 기회가 될 수 있으니 사용하게 해달라고 읍소했다. 몇 개월이 지나지 않아 그 잡지는 자리를 잡았고 정기구독자도 늘어났다. 그러자 그 회사의 발행인이 태도를 바꾸었다. 사진을 게재한 작가들에게 잡지를 보내지 않겠다고 하면서 필요하면 사서 보라고 했다. 한술 더 떠 '우리 잡지에 실리는 걸 영광으로 알아야 한다'는 식으로 대응했다. 김아람은 자신이 낳은 아이 같은 심정으로 잡지를 만들었지만 발행인은 "김 기자, 이건 당신 잡지가 아니라 내 잡지야"라는 이야기를 수시로 했다. 화가 난 그녀는 결국 회사를 뛰쳐나가 직접 「BLINK」를 창간하고 발행인이 됐다. 7년째 좋은 사진을 싣다 보니 국내보다 해외에서 반향이 크다. 그녀는 이 잡지의 발행인 자격으로 해외 유명 사진전의 심사위원으로 참가하기도 하고, 전시 섭외와 기획도 하고 있다.

그녀가 입사했던 잡지사를 그만두겠다고 했을 때도 선배들은 "참아야 한다. 어딜 가나 똑같다. 경력 관리를 하라"면서 만류했다고 한다. 그러나 그녀는 직장에 집착하지 않았다. 대신 평생직업을 찾았다.

학생 때 아르바이트로 방송작가를 한 경력 덕분에 방송과 친숙해진 나는 처음에 PD가 됐고, 다음에는 방송기자가 되었는데 역시 적성에 잘 맞았다. 방송기자는 순발력이 있어야 하고 동시에 적극적이어야 한다. 취재현장에서는 언제, 무슨 돌발상황이 벌어질지 알 수 없다. 빨리 대처하지 못하면 특종은커녕 제대로 취재하기조차 힘들다. 또한 성격이 적극적이어야 한다. 우물쭈물하다 보면 역시 '물 먹는다'. 나는 웅변을 많이 했기 때문에 말하는 것에도 자신이 있었다. 기자를 하면서도 늘 앵커를 꿈꿨고, 결국 원하는 대로 됐다.

가끔씩 순발력이나 적극성이 떨어지는 후배들에게 나는 기자를 그만두라고 한다. 당장은 내 말에 가슴이 아플지 모르지만 하루빨리 다른 일을 찾도록 하는 것이 그에게 더 도움이 될 거라고 보기 때문이다. 그럴 때 난 기꺼이 나쁜 선배를 자처한다.

직장은 남녀관계와 마찬가지다. 서로 맞지 않으면 만나도 늘 싸우거나 괴로운 시간이 이어질 뿐이다. 그동안 쌓은 정이 있어서든, 남들의 시선 때문이든, 사귀는 사람의 경제력이 좋아서든, 계속 끌면 해피엔딩은 없다. 빨리 헤어지는 것이 상책이다. 직장이 맞지 않는다면 너무 고민하지 마라. 당신의 몸이 괴롭고 마음이 힘들다면 과감하게 그만두라. 큰일이 날 것 같지만 결코 그렇지 않다. 새로 시작하라.

직장과 궁합이 맞지 않는다는 건
어떻게 알 수 있을까요?
직장을 고를 때 주의할 점이 있다면
어떤 게 있을까요?

희한하게 계속 사고를 친다면 궁합이 안 맞는 거예요. 사고가
크든 작든 간에요. 원래 꼼꼼하단 소릴 듣는데, 이상하게 일을
그르친다거나 하는 거요. 내가 이 회사에 피해를 준다는 느낌
이 들면 궁합이 안 맞는 거예요. 내가 이 회사에 기여하는 바가
적은 것 같다, 연봉만큼 일하는 것 같지 않다, 기를 써도 인사 평
가가 좋게 안 나온다, 이런 생각이 들면 안 맞는 거일 수 있죠.
흔히 이런 오류를 범합니다. 상사가 자꾸 괴롭혀요. 그때 생각하
죠. 아, 회사랑 안 맞는구나. 아니에요. 그 상사와 안 맞는 거지,
회사랑 안 맞는 게 아니에요. 상사 때문에 회사 그만두지 마세요.

그 사람은 그냥 악의 표상이라고 생각하세요. 보통 나만 괴롭히는 것도 아니지요. 어느 조직이든 악인 역할을 하는 사람이 필요한 면도 있어요. 악역 맡는 사람이 있어야 약간의 긴장감도 조성됩니다. 악역 없는 조직은 물이 고이고, 활력이 떨어진다고도 합니다. 그래서 어딜 가나 자기와 안 맞는 상사, 동료는 꼭 있어요. 그러니 지금 당장 옆에 있는 회사 사람이 직장 선택의 기준이 되어서는 안 됩니다.

직장 고를 때는 너무 큰 회사만 좋아하지 않았으면 합니다. 조직이 클수록 내가 할 수 있는 역할이 그만큼 작아요. 나쁘게 말하면 부속품에 불과할 수도 있어요. 나와 맞는 직종을 잘 골랐다면, 작은 조직도 눈여겨보세요. 더 큰 역할을 할 수 있습니다. 사실 많이들 하는 조언이지만 취업을 앞둔 학생들은 이 말을 귀담아 듣지 않더라고요. 근데 자신의 역량을 발휘할 수 있는 곳인지 여부는 앞으로 점점 더 중요해질 겁니다.

8

여기서 인정받고
떠나라

비관론자는 모든 기회에서 어려움을 찾아내고,
낙관론자는 모든 어려움에서 기회를 찾아낸다.
- 윈스턴 처칠

그것이 정말 회사를 그만둘 문제인가

어느 날 막내딸이 말했다.

"아빠, 유학 가고 싶어요. 보내주시기만 하면 정말 열심히 공부할게요."

나는 주저하지 않고 대답했다.

"유학 가서 잘하겠단 의지가 있다면 여기서도 잘할 수 있을 거야. 유학도 준비가 돼야 가지. 여기서 목표를 세워 그걸 달성

하면 보내주겠지만, 그렇지 않으면 보내줄 수 없어."

나의 원칙 중 하나는 '지금 바로 여기에서 최선을 다하는 것'
이다. 다음부터 잘하겠다는 건 의미 없는 다짐이다. 여기에서
는 못했지만 다른 곳에 가면 잘할 수 있다는 것도 마찬가지다.
안에서 새는 바가지는 밖에서도 샌다. 이를 가장 극명하게 드
러내는 게 직장이다. 직장이 내게 맞지 않을 때는 과감히 옮겨
야 하겠지만 주의할 점이 있다. 직장이 나와 안 맞아서인지, 현
실도피인지 확실하게 구분해야 한다. 어느 후배가 내게 상담을
청한 적이 있다.

"내가 다니는 곳은 직원이 50명밖에 안 될 정도로 규모도 작
고, 영업방식도 구식이라 장래성이 없는 것 같아요. 내가 팀장
인데 회사가 별로라서 구인광고를 올려봐야 좋은 인재들이 지
원을 안 해요. 회사의 비전이나 가치가 나와 안 맞는 것 같아요.
어떡하면 좋죠?"

나는 후배에게 그만두고 나면 갈 곳이 있는지 물었지만, 후
배는 딱히 정해지진 않았다고 대답했다. 후배가 다니는 회사는
나도 익히 알고 있었다. 규모가 크지는 않지만 대표가 유능해
해마다 성장하고 있었다. 연봉도 그리 나쁜 편은 아니었다. 나
는 후배의 말을 듣는 순간, 그에게 다른 이유가 있지만 직장을
옮기고 싶어 자기합리화를 하고 있음을 직감했다.

"바꿔 말하면 직원 수가 50명이나 되는 회사고, 그게 작다고 쳐도 오히려 성장할 잠재력이 많다고 생각할 수도 있잖아? 영업방식이 구식이라는 건 판로가 안정돼 과거 방식으로도 잘되고 있다는 얘길 테고. 팀원 능력이 모자라단 건 팀장 책임도 있는 거야. 히딩크가 브라질팀 데리고 월드컵 4강 갔냐? 한국 대표팀의 장단점을 잘 분석해서 적재적소에 임무를 주고 적절한 훈련을 시킨 결과잖아. 팀원 수준이 떨어지면 팀장이 적절하게 업무를 배분하고 계속 훈련시켜야지. 처음부터 일 잘하는 팀원이 어디 있어."

후배는 리더십에서 어려움을 느끼고 있는 듯했다. 계속 대화를 하다가 "팀원들이 말을 잘 따르지 않는다"고 털어놓았다. 나는 후배에게 "진심으로 회사 비전이 맞지 않거나 일이 적성에 맞지 않으면 모르겠지만, 리더십 때문에 그만둔다는 건 반대다. 지금 다니는 회사에서 인정받지 못하면 어느 곳에 가도 마찬가지"라며 이직을 반대했다. 그러나 후배는 내 말을 듣지 않고 기어코 다른 회사로 옮겼다.

예상대로 후배는 그곳에서도 팀원들과 불화를 겪었다. 팀장이 업무 지시를 명확히 하지 않거나, 팀원들의 공을 가로채거나, 소통하지 않고 강압적으로 구는 등 리더로서 제대로 된 역할을 하지 못하면 팀원들은 따르지 않는다. 게다가 후배가 이직한 회사는 대표의 비리로 재정 상태가 나쁘다는 소문이 돌고 있었다. 연이은 인력 감축 탓에 야근과 주말 근무도 잦다고 한다. 후배는 어떻게든 탈출하려고 앞뒤를 재지 않았고, 여우를 피하려다가 호랑이를 만난 꼴이 됐다. 그가 만약 자신에게 있는 근본적인 문제를 살피고 고쳐나갔다면 어땠을까.

송별회 없는 퇴사를 하라 ⦂

이직을 하고 싶을 때는 다른 누구보다 스스로와의 대화에 충실해야 한다. 가장 먼저 '왜'라고 물어봐야 하며, 그에 대해 진솔한 대답을 해야 한다. 절대로 자신을 속여서는 안 된다. '그냥 싫다'라든지 '뚜렷이 대답하기 어렵다'라고 얼버무려서는 안 된다. 누가 그 대답을 듣더라도 납득할 수 있는 명확한 이유가 있어야 한다. 근무 조건이 좋지 않아서라면 더 나은 조건을 찾으면 된다. 회사의 비전과 철학이 맞지 않는다면 맞는 회사로 옮기면 된다. 다만 그전에 자신이 옮기는 회사에 어울리는 인재인지부터 알아야 한다.

현재 직장에서도 인정을 받아야 더 나은 직장으로 옮길 수 있다. 다니는 직장에서 벗어나기만 해서는 현재의 문제가 해결

되지 않는다. 현실에서 도피하기 위해 이직을 해서는 안 된다. 앞으로 몇 번을 옮기더라도 똑같은 일을 겪을 가능성이 높다.

다른 회사로 가고 싶어 조바심을 낼 것이 아니라, 다른 회사에서 안달이 나게 만들어야 한다. 현재 직장도 충분히 인정해서 당신을 놓아주려고 하지 않아야 하고, 다른 회사에서도 당신을 원하게 만들어야 한다. 그렇게 다른 회사에서 삼고초려할 때 움직여야 유리한 조건과 급여를 보장받을 수 있다.

내가 잘 아는 헤드헌터가 있다. 대개 헤드헌터들은 이전 직장의 동료나 선후배들에게 이른바 '평판 조회'를 해서 입사할 해당 기업에 보고한다. 10년 넘는 동안 그가 몇 차례 일자리를 찾아준 한 회사원이 있었다. 그런데 그 사람의 스펙과 경력은 나날이 나아졌지만 평판은 어느 직장을 가더라도 비슷했다. '부지런하지만 상사에게 신뢰를 주지 못하고 동료들과 마찰이 잦다'는 거였다. 즉, 그런 특성은 좀처럼 변하지 않는다는 얘기다.

어떤 선배가 자신을 괴롭혀서 직장을 옮기고 싶은가. 어느 직장이나 '돌아이' 상사는 있다. 심지어 그 상사가 회사에서 인정을 받고 있을 수도 있다. 당신이 직장을 옮겨도 제2, 제3의 돌아이 상사들이 나타날 것이다. 하지만 계속해서 비상식적인 상사만 만난다면 문제는 당신에게 있다고 봐야 한다. 성격이 좋은 사람과 잘 지내기는 쉽다. 모두 피하는 사람과도 잘 지낼 수 있어야 '인간관계 고수'다. 원만하게 지내지는 않더라도 무난하게 대하는 법쯤은 배워야 한다.

나는 몇 차례 퇴사했지만 환송을 제대로 받은 적이 없다. 시간이 한참 지난 뒤 선후배들이 조촐하게 자리를 마련해 술잔을 기울였을 뿐이다. 회사에서는 내가 예쁘게 보였을 리가 없다. 붙잡았는데도 뿌리치고 떠났기 때문이다. 회사에서 필요로 하는 사람은 환송을 받지 못한다. 만약 직장을 떠날 때 송별회를 거하게 했다면 당신은 능력자가 아니다. 상상해보라. 능력자가 회사를 그만둘 때는 회사에 손해 끼칠 게 분명한데 기쁘게 보내주겠는가. 그런 송별회가 열렸다면 참석한 직원들까지 오너에게 찍힐 수 있다. 그게 회사의 속성이다.

지금까지 난 회사에서 쫓겨나듯이 나간 적은 없다. 회사의 윗분들은 내가 원망스러웠겠지만, 동료나 선후배 사이는 여전히 좋아 지금도 만나고 있다. 나는 문제가 있을 때도 핑계를 대거나 자기합리화를 하여 피하지 않았다. 내가 속한 그 자리에서 어떻게든 해결하려고 했다.

힘이 들지 않으면 근육이 붙지 않는다. 마음도 마찬가지다. 힘든 일을 스스로 이겨내야 마음에도 근육이 붙고 힘이 생긴다. 당신에게 문제가 생기면 기뻐하라. 극복하고 나면 당신은 더욱 단단해질 것이다. 피하지 말고 싸워나가라. 한바탕 몰아친 폭풍이 물러나고 잠잠해졌을 때, 그 자리에 있을지, 다른 장으로 나아갈지를 결정하라.

사직은 어려운 문제지요. 저는 회사에서 사직할 때 사표 수리가 쉽게 되지 않았어요. A회사에서는 사표를 냈다가 고소를 당했고요, B회사에서는 오너와의 사이가 완전히 멀어졌죠. 사직을 배신이라고 생각했나 봐요. 그런데 바꿔서 생각하면 그 회사에서 내가 그만큼 필요한 인재였구나 싶어요.

회사에서 나올 때는 그 조직에서 놓치기 싫은데 나오거나, 떠나줬으면 할 때 나오거나, 둘 중 하나일 겁니다. 회사는 이익추구 집단이거든요. 능력 있는 사람이 나가면 서운해하고, 실력 없는 사람이 그만두면 좋아할 수도 있고 그런 거죠.

그래서 사직의 기술? 그런 건 없는 것 같아요. 내가 회사에서 필요한 사람이라면 어떻게 하든지 간에 그만둘 때 배신자로 낙인 찍힐 수밖에 없어요. 사직하면서 전 직원한테 일일이 인사를 하거나, 혹은 선물을 돌리거나 해도 소용없는 것 같아요. 인사를 하나 안 하나 큰 차이 없어요.

이직 결심이 확실하다면 눈치 안 보고 당당하게 나가는 게 좋습니다. 물론 전 직장에서 인수인계를 확실히 하는 등의 최소한의 예의는 지켜야겠죠.

박근혜 전 대통령 탄핵 사태를 얘기하지 않고 넘어갈 수가 없네요. 사실 병신년(丙申年)에 일어난 박근혜·최순실 국정농단 등의 일련의 일들 때문에 이 책의 출간이 늦어졌습니다. 갑자기 굵직굵직한 이슈들이 빵빵 터지면서 원고 집필을 마무리할 시간이 없었고, 이 사건들에 대한 제 생각도 한마디 적는 것이 좋겠단 생각이 들어 조금 지켜보기도 했습니다.

어쩌면 박 전 대통령은 책에서 소개한 제 인간관계의 철학과 정반대 끝에 서 있는 것처럼 보입니다. 지난해 말부터 쏟아지는 박 전 대통령 관련 기사를 보면 이 책에서 나온 내용과 얼마나 동떨어진 삶을 살았는지 알 수 있죠.

먼저 박근혜 전 대통령은 자신을 꽁꽁 숨겼습니다. 그리고 신비주의로 자신을 포장했죠. '자신을 까발려라', '단점도 드러내라'고 한 제 철학과는 극단을 달립니다. 박 전 대통령은 제대로 듣지 않는 것도 모자라, 침묵했습니다. 말을 아끼고 자신의 생각이 어떤지 국민 앞에 떳떳이 밝히지 않았습니다. 기자간담회는 1년에 한 번 할까 말까 한 연례행사가 됐고, 질문은 사절했죠.

혼자선 아무것도 할 수 없음에도 전문가들의 의견 수렴보단 비선 라인의 얘기만 들으며 골방에서 혼자 정하려 했습니다. 또 공식 라인에 있는 중요한 청와대 보좌진과 정부의 장관들과의 독대(獨對)를 피했고요. 둘이서 만나야 진짜 속 깊은 대화를 나눌 수 있다는 제 관점에 비춰보면 박 전 대통령은 제대로 된 대인관계를 맺는 방법을 몰랐다고 볼 수밖에 없습니다. 어쩌면 방법을 모른 게 아니라 거부한 것일 수도 있습니다.

박 전 대통령에게 역린은 '최태민 일가'였습니다. 박 전 대통령이 그 부분을 건드리는 것이 불편하다는 표현을 반복적으로 하자 주변에서는 그 얘기가 들리지 않게 하려고 애썼던 것으로 보입니다. 대선 때 이미 불거졌지만 언론과 국민도 과거 개인사 정도로 여기고 넘어갔던 게 아닙니까? 온 국민이 박 전 대통령과의 관계를 깨지 않으려, 아픈 과거를 쓸데없이 건드리지 않으려 성의를 보인 것입니다. 그런데도 과거 일이 현재까지 영향을 미치며 국정을 다 엉망으로 만들어버린 건 이해할 수 없습니다. 100퍼센트 박 전 대통령 잘못입니다. 대통령이라고 콤플렉스를 다 극복해내고 역린이 있어서는 안 된다는 소리를 하는 게 아닙니다. 과거사는 과거로 묻어둬야 합니다. 박 전 대통령은 주위의 배려를 무시하고 일방적으로 국민과의 관계를 끊은 것이나 다름없습니다.

박 전 대통령과 가까워지려 했던 사람들은 결국 너무나 높은 벽과 마주쳤을 것입니다. 박 전 대통령이 가까운 사람을 챙겼던 것으로 보이지도 않고요. 주위에 사람이 모일 리 없습니다. 어쩌면 굉장히 외로웠을 거고, 그런 외로움 탓에 국정을 제대로 돌보지 못했을 수도 있습니다.

제가 탄핵 전 박 전 대통령을 만나서 이 책에 담은 얘기를 들려줬더라면 어땠을까요. 인간관계에 서툴렀던 그가 사람과의 만남에 좀 더 신경 썼더라면 지금과 같은 국가적 불행은 일어나지 않았을지도 모릅니다.

앵커이자 방송인이니만큼 방송 관련해서도 몇 글자 적겠습니다. 이것도 책 내용과 동떨어진 얘긴 아닙니다.

2011년 말, 한국 방송 사상 첫 생방송 데일리 시사 토크쇼가 시작됐습니다. 채널A의 「박종진의 쾌도난마」입니다. 매일 생방송으로 정치·사회·경제 분야의 무거운 얘기를 하는데 그게 되겠느냐는 의심의 눈초리가 많았습니다. 결과적으론 숱한 화제를 낳으며 시사 프로그램 최고 시청률을 냈죠. 가식 없는 솔직한 토크쇼를 만든 것이 가장 큰 요인이라고 생각합니다. 저는 패널들의 말을 자르거나 반박하기보다 자신들의 주장을 충분히 설명하도록 기회를 줬습니다. 그러다 보니 문제가 종종 불거지기도 했습니다. 방송통신심의위원회로부터 주의와 경고를 여러 차례 받았습니다. 징계를 받기도 했고요. 얼마 전까지 TV조선에서 방송한 「박종진 라이브쇼」나 진행하고 있는 「강적들」역시 지적을 자주 받는 편입니다.

방송은 제게 있어 시청자와의 '관계 맺기'입니다. 당연히 제 방송도 이 책의 내용과 같길 바랍니다. 특히 솔직했으면 좋겠습니다. 좀 부족해도 다 까놓고 드러냈으면 합니다. 그래야 소통이 되고 서로의 마음을 얻을 수 있다고 보는 거죠.

그래서 방송의 언어는 대화하듯 자연스러워야 하고, 무엇보다 시청자와 호흡해야 합니다. 성폭력 같은 슬픈 뉴스를 전할 때는 부모 입장에서 표현해야 하며, 정치권의 무의미한 싸움박질 앞에서는 국민의 안타까운 목소리를 전달할 수 있어야 합니다. 때론 호통도 쳐야 합니다. 그게 솔직하고 자연스럽습니다.

가장 자연스러운 것이 가장 세련된 것입니다. 미국의 인기있는 코미디 시사토크쇼를 보면 코미디를 소재로 정치·사회 이슈를 신랄하게 비판하는데, 그 수위가 상상을 초월합니다. 심지어 대통령을 초대 손님으로 불러놓고도 술자리 대화하듯 질문

공세를 퍼붓습니다.

우리나라 방송의 뉴스나 시사 프로그램 속 진행자는 어떤가요. 기계적인 멘트, 감정도 없이 딱딱하게 굳어버린 얼굴, 일정한 목소리 톤……. 제가 보기엔 촌스럽습니다. 20~30년 전과 크게 달라진 것이 없어 보입니다.

왜 그럴까요. 저는 그 이유 중 하나로 우리나라의 방송심의 제도를 꼽고 싶습니다(제가 제재를 많이 받았다고 하는 얘기는 아니고요). 방송통신심의위원회는 뉴스와 시사 프로그램은 무조건 품위 있고 단정해야 한다고 여기는 것 같습니다. 각종 이유를 들어 '기준에서 벗어난' 뉴스들을 강하게 질책하고 압박하고 있습니다. 앵커의 품위, 공정성과 객관성 등의 기준은 얼핏 보면 옳은 말 같지만 사실은 그렇지 않을 때도 많습니다. 중립적인 체 앉아 있는 정치평론가가 실은 자기가 지지하는 정당에 유리한 분석을 내놓는 경우가 허다하죠. 그러나 제가 진행한 프로그램에서는 평론가를 소개할 때 '이 사람은 꼴통 보수'라고 전제해놓고 이야기를 들었습니다. 어느 쪽이 더 공정하고 객관적입니까. 보는 사람에 따라 다를 수 있겠죠.

시청자는 바보가 아닙니다. 방송을 할수록 느끼게 되는 무서운 사실입니다. 시청자는 예리한 눈으로 이슈를 정확하게 읽고 있습니다. 인터넷 댓글과 SNS 등을 통해 여론이 실시간으로 반영되는 온라인 미디어는 훨훨 날고 있는데 방송은 언제까지 과거 방식을 고집할 것입니까. 이제 방송에도 날 수 있는 자유를 줘야 합니다. 시청자의 수준과 기대에 걸맞은 자유롭고 세련된 방송을 해야 합니다. 이것이 제가 추구하는 방송입니다.

가식 없는 방송, 꾸밈없는 인간관계, 솔직한 사회. 제가 꿈꾸는 세상입니다. 제 글이 이런 세상을 만드는 데 좁쌀만큼이라도 기여한다면 무척 행복할 것입니다. 여러분도 제 글을 읽고 저와 같은 세상을 꿈꾸는 상상을 해봅니다. 감사합니다.

겸손은 위선이다

© 박종진, 2017
Printed in Korea

1판 1쇄 발행 2017년 3월 26일
1판 3쇄 발행 2017년 4월 24일

지은이 박종진

펴낸이 류원식
책임편집 눈씨
교정교열 김명재
본문디자인 김경아
전산편집 안소영

펴낸곳 린쓰
주소 경기도 파주시 문발로 116
등록 제406-2016-000123호
전화 031-955-0962
팩스 031-955-0955
이메일 newoneseek@gmail.com

ISBN 979-11-960549-0-8 (03330)

이 도서의 국립중앙도서관 출판예정도서목록(CIP)은
서지정보유통지원시스템 홈페이지(http://seoji.nl.go.kr)와
국가자료 공동목록시스템(http://www.nl.go.kr/kolisnet)에서 이용하실 수 있습니다.
(CIP제어번호: CIP 2017006447)

린쓰 '이웃隣린의 글쓰기' 린쓰입니다.
머릿결을 부드럽게 해주는 린스처럼 삶의 윤기를 더할 이웃의 목소리를 담겠습니다.